2021年国家社会科学基金重大项目“中国共产党人百年伦理精神研究”（21&ZD030）资助

2024年度河南省高等教育教学改革研究与实践重点项目（思政课类）“高校思政课教学中讲好河南红色文化故事研究”（2024SJGLX0981）资助

新时代高校思政课
讲好南水北调故事研究

乔靖文◎著

法律出版社
LAW PRESS·CHINA
北京

图书在版编目（CIP）数据

新时代高校思政课讲好南水北调故事研究 / 乔靖文著. -- 北京 : 法律出版社, 2025. -- ISBN 978-7-5244-0542-9

Ⅰ. G641

中国国家版本馆 CIP 数据核字第 20250JX376 号

新时代高校思政课讲好南水北调故事研究
XINSHIDAI GAOXIAO SIZHENGKE JIANGHAO NANSHUI BEIDIAO GUSHI YANJIU

乔靖文 著

策划编辑 田亚飞
责任编辑 田亚飞　赵轻云
装帧设计 贾丹丹

出版发行 法律出版社
编辑统筹 法律出版社
责任校对 王晓萍
责任印制 胡晓雅
经　　销 新华书店

开本 710 毫米×1000 毫米　1/16
印张 13.25　**字数** 161 千
版本 2025 年 7 月第 1 版
印次 2025 年 7 月第 1 次印刷
印刷 北京建宏印刷有限公司

地址:北京市丰台区莲花池西里 7 号(100073)
网址:www.lawpress.com.cn
投稿邮箱:info@lawpress.com.cn
举报盗版邮箱:jbwq@lawpress.com.cn

销售电话:010-83938349
客服电话:010-83938350
咨询电话:010-63939796

书号:ISBN 978-7-5244-0542-9　　**定价**:52.00 元

凡购买本社图书,如有印装错误,我社负责退换。电话:010-83938349

目　录

导　论

习近平总书记在2021年5月14日召开的推进南水北调后续工程高质量发展座谈会上讲话时强调："南水北调工程事关战略全局、事关长远发展、事关人民福祉。"① 在南水北调东中线一期工程从伟大构想、设计论证到建成通水的60余年里，经历了中国社会主义革命和建设时期、改革开放和社会主义现代化建设时期，并在中国特色社会主义新时代日益显现其经济、政治、社会、生态等多方面的效益。南水北调工程是缓解北方地区水资源短缺、优化我国水资源配置、改善北方地区生态环境、构建我国"四横三纵"水网格局的跨流域、跨地区重大战略性基础设施。南水北调工程是党中央、国务院的正确决策，是中国共产党集体智慧的结晶，是几代南水北调人擘画设计、接续奋斗成就的大国重器，是新中国史和改革开放史的重要成果。这一伟大事业也孕育了与中国故事一脉相承的南水北调故事。

思政课在实现立德树人这一根本任务中扮演着至关重要的角色。在新时代背景下，高校思政课如何有效地讲述中国故事，以及讲述哪些中国故事，显得尤为关键。这不仅关系思政课程的思

---

① 《习近平在推进南水北调后续工程高质量发展座谈会上强调　深入分析南水北调工程面临的新形势新任务　科学推进工程规划建设提高水资源集约节约利用水平　韩正出席并讲话》，载《思想政治工作研究》2021年第6期。

想深度、理论水平，还直接影响课程的吸引力、针对性和实际效果。以南水北调东中线一期工程为例，从最初的设想、深入的调研、明智的决策、精心的设计，到最终的施工建设完成，这一过程所铸就的南水北调故事，不仅是民族精神和时代精神的重要传承，更是社会主义核心价值观的生动体现。它展现了中国共产党人精神谱系的时代品格，彰显了中国特色社会主义的优越性和实践力量。

因此，南水北调故事不仅是中国故事的重要组成部分，而且它具有鲜明的时代特色、中国特色和实践特征。这些故事为新时代高校思政课提供了丰富的素材，使课程能够更加生动、具体地讲好中国故事，从而更好地引导学生理解和认同中国特色社会主义道路、理论体系和制度，进一步增强他们的国家认同感和民族自豪感。而且通过这些真实而感人的故事，高校思政课能够更好地激发学生的爱国情怀，培养他们的社会责任感和历史使命感，为培养德才兼备的社会主义建设者和接班人奠定坚实的思想基础。

一、研究意义

在高校思政课中，深入讲述南水北调工程背后的故事，是贯彻习近平总书记关于“‘大思政课’我们要善用之，一定要跟现实结合起来”这一重要论述的具体实践。南水北调工程，作为一项宏伟的跨流域调水工程，其东中线一期工程从最初的构想、深入的调研、科学的决策、精心的设计，直至最终施工建设完成，这一系列过程所孕育出的南水北调故事，不仅是中国工程建设史上的辉煌篇章，也为高校思政课提供了生动而丰富的教学素材。本书旨在结合高校思政课的实际教学需求，以习近平新时代中国特色社会主义思想为指导，以新时代为研究背景，深入探讨如何在高校思政课中有效地讲好南水北调故事。具体而言，本书将着重分析高校思政课讲好南水北调故事的必要性、案例举证、内容选择以及讲述方法等，旨在通过这些探讨，进一步推动高校思政课教案的设计和教学资料库的建设，从而更好地发挥思政课程在立德树人中的重要作用。

从理论层面进行深入的审视，本书的研究不仅仅局限于对南水北调故事的传统叙事框架和媒体报道范畴的简单超越，而是更进一步地深入剖析了故事背后所蕴含的深刻哲理。本书致力于挖掘和揭示这些故事背后所隐藏的深层次意义，从而使研究的视角和深度都得到了显著的提升。其研究目的并不仅仅是讲述故事本身，而是更加注重于将“道”这一核心价值理念贯穿于整个叙事过程之中。通过这种方式，本书希望能够将故事的叙述提升到一个新的理论高度，从而使整个叙事过程不仅仅是停留在表面叙述，而是能够彰显出更为深远的理论意义。这种研究方法和视角的创新，不仅为南水北调故事的研究带来了新的理论视角，也为其他类似的研究提供了有益的借鉴和启示。

从实践层面进行深入考量，本项研究的主要立足点在于高校思政课的建设工作。通过对南水北调工程背后的故事进行细致的探索与挖掘，本研究旨在深入揭示这些故事所蕴含的丰富而重要的价值内涵。同时，本研究还致力于探讨如何将这些价值内涵有效地应用于实际教学过程中，以期在高校思政课中充分发挥南水北调故事的教育意义和实践价值。通过这种方式，我们不仅能够丰富思政课程的教学内容，还能够增强学生对国家建设重大工程的认识和理解，从而培养他们的社会责任感和历史使命感。

二、国内外研究现状

自1952年毛泽东同志提出“南方水多，北方水少，如有可能，借点来是可以的”[①] 的伟大构想到2014年12月12日东中线一期工程全面建成通水至今，60余年间学术界对南水北调工程一直保持关注。从2021年5月14日，习近平总书记在河南省南阳市召开推进南水北调后续工程高质量发展座谈会并发表重要讲话[②]。学术界对南水北调工程的相关研究至今热度不减。

（一）国内研究现状

目前，关于南水北调工程的研究主要集中在以下几个方面：

首先，研究者们从多个角度记录了南水北调工程中的人物和他们的故事。例如，王香平在2006年发表的《毛泽东与南水北调工程——林一山同志访谈录》中，通过访谈的形式，记录了林一山同志对南水北调工程的回忆和见解。全淅林在2014年发表的《移民大柴湖》中，详细描述了移民在南水北调工程中的牺牲和在新的地方的生活。赵川在2016年出版的《我的南水北调》中，以个人的视角，讲述了南水北调工程的实施过程和移民的奉献精神。何弘等人在2017年出版的《命脉》中，从多个角度探讨了南水北调工程对国家命脉的影响。中国文史出版社在2019年出版的《南水北调中线工

① 《毛泽东和林一山谈话后“南水北调”见诸中央文件》，载中国新闻网，https://www.chinanews.com.cn/cul/2010/09-02/2506842.shtml。

② 参见《习近平在推进南水北调后续工程高质量发展座谈会上强调　深入分析南水北调工程面临的新形势新任务　科学推进工程规划建设提高水资源集约节约利用水平》，载新华网，http://www.xinhuanet.com/politics/leaders/2021-05/14/c_1127446854.htm。

程亲历记》中，收集了亲历者的口述历史，记录了南水北调工程的实施过程和移民的生活。此外，2021 年国家社会科学基金一般项目“南水北调中线工程移民口述史研究”也从口述历史的角度，对南水北调移民群体进行了深入研究。

其次，研究者们从多个维度对南水北调工程进行了全面的研究。侯雪静等人在 2017 年发表的《清水永续通南北——南水北调工程成效综述》中，综合分析了南水北调工程的经济、社会和生态效益。赵晶等人在 2019 年发表的《南水北调中线工程河南段社会经济效益研究》中，探讨了南水北调工程对河南省社会经济的影响。赵德友等人在 2019 年发表的《河南省生态保护补偿机制建设情况及建议——以丹江口水库库区生态保护补偿建设情况为例》中，提出了河南省生态保护补偿机制的建设建议。这些研究从不同的角度，全面分析了南水北调工程的多维度效益。

最后，学者们从多个视角对南水北调故事的精神内涵进行了总结和概述。程殿龙在 2013 年提出，南水北调故事可以总结为“负责、务实、求精、创新”。谷建全等人在 2020 年认为，“团结协作、求实创新、担当奉献、顾全大局”是南水北调故事的精神意蕴①。朱金瑞等人在 2020 年提出，“人民至上、协作共享、艰苦奋斗、创新求精、舍家为国”是南水北调精神的丰富内涵。河南南阳干部学院将南水北调精神归纳为“调水为民、统筹协作”“求实创新、奉献担当”“人水和谐、绿色共享”的丰富内涵。② 这些研究从不同的

---

① 参见河南省社会科学院课题组：《深刻理解南水北调工程建设中的精神意蕴》，载中工网，https://www.workercn.cn/253/202003/20/200320152927214.shtml。

② 参见《南水北调精神内涵新论》，载河南南阳干部学院网站 2025 年 2 月 13 日，https://www.nsbdgbxy.com/html/web/jiaoyankeyan/nanshuibeitiaojingshenyanjiu/1889944124063535106.html。

视角，全面总结了南水北调故事的内涵和价值。

综上所述，目前有关南水北调工程的研究，不仅从多个角度记录了工程中的人物和他们的故事，还从多个维度对工程的效益进行了全面的研究，同时，学者们也从多个视角对南水北调故事进行了深入的总结和概述。这些研究为我们全面了解南水北调工程提供了丰富的资料和视角。

（二）国外研究现状

自南水北调东中线一期工程正式开工并顺利实现通水以来，国际学术界和媒体对这一宏伟工程的技术创新、移民安置政策、经济效益、水质保护以及生态修复等多个方面表现出了浓厚的兴趣，并进行了一系列的研究和报道。例如，伦敦大学的博士埃尔斯佩思·汤姆森（Elspeth Thomson）在其 2003 年发表的著作《中国的南水北调》中，深入探讨了中国水资源短缺的现状及其成因，并从多个角度论证了南水北调工程的必要性。同时，她也对南水北调工程所引发的争议进行了详细的分析。然而，尽管这些研究和报道在宏观层面上对南水北调工程作为一项调水设施进行了广泛关注，但鲜有研究者从高校思政课的角度出发，系统地设计如何有效地讲述南水北调故事，以更好地向学生和公众传达这一工程的重要意义和深远影响。

（三）研究趋势

当前学术界在南水北调工程相关研究方面取得了一定的成果，这些成果为高校思政课提供了宝贵的参考和启示。然而，这些研究也存在一些局限性。首先，研究的覆盖面不够广泛。目前大多数研究主要集中在讲述移民的故事，而对整个南水北调工程的群体缺乏全面的覆盖和整体性的研究。例如，对于那些在南水北调工程中扮演关键角色的决策者、设计者、管理者和建设者等的亲身经历和故事，研究的关注度相对较低。其次，研究的“道理性”不足。目前对南水北调故事的挖掘和传播主要停留在一般性的叙述和媒体报道层面，缺乏对故事背后所蕴含深刻道理的高度提炼和集中阐述。很多时候，讲故事仅仅是为了讲故事本身，而没有将其中的“道理”贯穿于故事之中，缺乏将故事与深层次价值相结合的思考。最后，研究的学理性不强。现有的研究成果大多以新闻采访和文学纪实为主，缺乏从高校思政课的角度出发，系统性地挖掘和研究南水北调故事的学术成果。因此，为了更好地在高校思政课中讲好南水北调故事，需要进一步拓宽研究的覆盖面，增强故事背后的道理性和学理性，从而为新时代大学生提供更加全面、深入和有价值的教育内容。

总的来说，南水北调工程不仅仅是一项宏伟的水利工程，它还承载着中国共产党悠久的历史、生动的实践和辉煌的成就。通过南水北调工程，我们可以看到中国共产党如何带领中国人民在建设大国工程的道路上不断奋斗，克服重重困难，最终取得令人瞩目的成就。这一过程不仅展现了中国共产党的卓越领导力，也体现了中华民族深沉的精神追求和不屈不挠的民族精神。

本书以“大思政课”为研究视角，以高校思政课为载体，致力于在阐明道理、深化学理、活化故事等方面充分发挥高校思政课的立德树人和培根铸魂的重要作用。通过将南水北调工程背后的故事有机地融入整个思政课程的教学体系中，我们能够围绕这些故事进行有针对性的教学设计和案例库建设。这样的做法不仅能够丰富教学内容，提高学生的学习兴趣，还能够增强思政课程的实效性，从而进一步提升高校思政课的教学效果，帮助学生更好地理解和把握中国共产党的历史使命和其中蕴含的精神内容。

三、主要内容

南水北调工程不仅仅是一项宏伟的水利工程，它更是一个时代的缩影，一个国家发展的见证。它不仅体现了中国共产党在国家重大战略决策中的英明领导，还展示了中国特色社会主义制度在解决实际问题中的独特优势。南水北调工程的建设，不仅满足了北方地区水资源短缺的迫切需求，还促进了区域经济的均衡发展，为新时代的发展注入了新的活力。这些故事，正是新时代中国特色社会主义伟大实践的生动体现，它们传递着中国人民不畏艰难、勇于创新的时代精神。南水北调故事与新时代的发展需求紧密契合，体现了鲜明的时代特色和精神风貌。这些故事成了新时代讲述中国故事、传播中国声音的重要组成部分，是讲述中国故事中不可或缺的精彩篇章。本书旨在满足新时代高校思政课建设的需求，遵循“会讲故事”和“讲好故事”的核心理念，通过对这些故事的深入分析，探讨新时代高校思政课在讲述南水北调故事时的必要性、内容选择以及讲述方法。

同时，本书也针对当前南水北调故事研究中存在的问题，提出了具体的建议。当前的研究力量分散，缺乏统一的品牌意识，实际效果不尽如人意。为了解决这些问题，本书建议加强平台建设，为研究者提供更好的交流和展示平台；提炼研究课题，明确研究方向，提高研究的针对性和实效性；凝聚研究团队，形成合力，提升研究的整体水平；创新研究载体，利用现代科技手段，使研究成果更加生动、直观；畅通信息渠道，加强与社会各界的沟通，扩大研究成果的影响力。通过这些措施，本书希望能够加强对南水北调故事的研究，更好地讲述新时代的南水北调故事，让这些故事在新时代背景下焕发出更加璀璨的光芒，为新时代高校思政课注入新的活力。

四、研究方法

第一，采用口述访谈与文献研究相结合的方法，主要通过口述访谈和田野调查的方式，对分类整理的访谈资料进行深入挖掘。在此基础上，结合工程档案文献进行细致的鉴别和对比分析，力求真实地还原工程建设的国家故事、几代南水北调人的群体故事以及个人故事。通过这种方法，我们能够更全面地理解工程建设背后的历史脉络、社会影响以及参与者的个人经历和情感。

第二，运用多学科交叉研究的方法，以马克思主义理论和历史学为主干学科，并积极运用这些学科的相关研究方法。同时，认真汲取社会学的有关研究方法，以期为研究提供更为坚实的理论支撑和方法论指导。通过这种多学科的综合研究方法，可以从不同的角度和层面深入探讨研究对象，从而获得更为全面和深入的理解。在多学科交叉研究的实践中，还应注重方法论的创新，积极引入现代信息技术，如大数据分析、网络分析等，以提高研究的精确度和效率。

第一章　南水北调故事概述

南水北调工程是中国的一项宏伟的跨流域调水工程，旨在解决中国北方地区水资源短缺的问题。这个故事的产生过程充满了艰辛和智慧，主要特点体现在其规模宏大、技术复杂和影响深远，而其时代价值则在于为中国的可持续发展和区域协调发展提供了重要的水资源保障。

在产生过程中，南水北调工程经历了长期的规划和研究。早在20世纪50年代，中国政府就开始考虑通过调水来解决北方地区的水资源短缺问题。经过几十年的科学论证和实地考察，最终确定了东线、中线和西线三条调水线路。东线工程利用现有的京杭大运河作为主要输水渠道，中线工程则通过开挖新的渠道和隧道，将长江水直接输送到华北地区，而西线工程则计划将青藏高原的水资源引入黄河上游。

南水北调工程的主要特点在于其规模之大和技术之复杂。整个工程涉及数以千计的水库、泵站、渠道和隧道，总长度超过数千公里。特别是中线工程，需要穿越复杂的地质条件，包括高山、峡谷和河流，这对工程技术提出了极高的要求。此外，工程还涉及大规模的生态环境保护和移民安置工作，确保在调水的同时，最大限度地减少对环境和社会的影响。

南水北调工程的时代价值体现在多个方面。首先，它极大地缓解了北方地区的水资源短缺问题，为当地居民提供了稳定的水源，改善了生活和生产条件。其次，工程的实施促进了区域经济的协调发展，特别是对京津冀地区的协同发展起到了重要的推动作用。最后，南水北调工程还体现了中国政府在水资源管理和综合利用方面的决心和能力，为全球水资源的可持续利用提供了宝贵的经验和示范。

总之，南水北调工程不仅是一项伟大的水利工程，更是中国在解决水资源问题、推动区域协调发展方面的一项重大战略举措。它的成功实施，不仅为中国的经济社会发展提供了坚实的水资源保障，也为全球水资源管理提供了有益的借鉴。

第一节 南水北调故事的产生过程

南水北调工程不仅仅是一项宏伟的水利工程，更是一个科学与技术、统筹与管理、文化与传承相结合的伟大实践。南水北调工程的构想源于对我国水资源分布不均的深刻认识。科学家们通过长期的研究和精密计算，绘制出了这一跨区域调水工程的蓝图。他们利用先进的地理信息系统和水文模型，精确地分析了各地的水资源状况，提出了从水资源丰富的南方地区向水资源匮乏的北方地区调水的方案。这一科学规划不仅解决了北方地区的水资源短缺问题，还考虑到了生态保护和可持续发展，确保了工程的长远利益。南水北调工程的建设是一项浩大的系统工程，涉及多个省份和众多领域。为了确保工程的顺利进行，国家成立了专门的管理机构，统筹协调各方资源和力量。从工程设计、施工建设到运营管理，每一个环节都经过了严格的规划和监督。建设者们克服了各种技术难题和自然条件的挑战，确保了工程质量。南水北调工程的建成，不仅提升了我国水利工程的建设水平，也展示了我国在大型基础设施建设方面的强大实力。南水北调工程不仅仅是一项水利工程，它还承载着丰富的文化内涵。工程的建设过程中，充分考虑了沿线的历史文化遗产保护，努力做到在发展现代水利的同时，传承和弘扬中华民族的优秀传统文化。通过这一工程，人们更加深刻地认识到水资源对于人类社会的重要性，增强了节水意识和环保意识，促进了生态文明建设。南水北调工程的实施，不仅为北方地区带来了宝贵的水资源，也为中华文化的传承和发展注入了新的活力。

一、科学绘就宏伟蓝图

水是生命之源，是维系万物生长的基石。奔腾不息的江河，不仅滋养了大地，还促进了人类的繁衍和文明的持续发展。无论是尼罗河，还是黄河、长江，人类古老的四大文明均起源于大河之滨，这些河流成了文明的摇篮。自古以来，中国水资源的时空分布极为不均，南北降雨量的巨大差异导致了水资源的显著差异。长江流域及其以南地区，水资源总量占全国的 81%，而淮河流域及其以北地区，水资源总量仅占全国的 19%。长江流域多年平均水资源总量为 9960 亿立方米，相当于黄河流域水量的 20 倍，然而每年有 94% 的水资源直接流入大海，未能发挥其应有的效用。与此同时，北方地区干旱缺水的问题日益严峻，特别是新中国成立以来，北方人口激增、工农业迅猛发展，水资源供求矛盾日益凸显。此外，由于过度开采地下水，华北地区地下水位迅速下降，对人民群众的生产生活、生命财产安全构成了严重威胁。水资源的不均衡分布和过度开发，已经成为制约我国经济社会发展的重要因素之一。因此，我们必须采取有效措施，合理规划和利用水资源，以确保水资源的可持续利用，保障人民群众的生产生活需求，促进社会的和谐稳定发展。

在新中国刚刚成立的初期，国家正面临着各种各样的挑战和困难，百废待兴，国力尚显薄弱。在这个关键时期，南方地区频繁遭受洪涝灾害的侵袭，而北方地区则饱受干旱缺水的困扰。面对这一系列严峻的自然灾害问题，毛泽东同志以他深厚的人民情怀和坚定的人民至上的价值理念，提出了一个宏伟的计划——将南方丰富的水资源引向北方，以解决北方地区的干旱问题。这一计划不仅体现了毛泽东同志对国家和人民的深切关怀，也展示了他敢于面对困难、勇于创新的领导风范。通过这一宏伟计划的实施，不仅可以有效缓解北方地区的缺水问题，提高农业生产效率，还能促进南北地区的经济交流与合作，进一步增强国家的整体实力。毛泽东同志的这一伟大构想，不仅在当时具有重要的现实意义，也为后来的水利建设和区域协调发展奠定了坚实的基础。

1952 年 10 月 30 日，毛泽东同志在视察黄河时提出，“南方水多，北方水少，如有可能，借点来是可以的”。3 个半月后，1953 年 2 月 19 日至 22 日，毛泽东同志乘“长江号”军舰视察长江，他问时任长江水利委员会主任的林一山：“南方水多，北方水少，能不能从南方借点水给北方？”① 他手里紧握着一支铅笔，在那张详细的地图前，逐一提出了他心中设想的引水地点。他先是用铅笔尖轻轻点在腊子口的位置，然后又缓缓移动到白龙江，接着是西汉水，最后他的铅笔停在了丹江汇入汉江的交汇处——丹江口。林一山站在一旁，仔细聆听并逐一回答了毛泽东同志提出的各种问题。他经过深

① 《荆楚伟人情怀——纪念毛泽东诞辰 110 周年（组图）》，载新浪网，https://news.sina.com.cn/c/2003-12-23/07211408224s.shtml。

思熟虑后，肯定地表示丹江口是一个相对更佳的引水位置。至此，毛泽东同志关于南水北调的伟大构想已经基本成形。这个宏伟的计划就是从丹江口引出汉江水，一路向北输送，以解决华北地区水资源短缺的严峻问题。

1958 年 3 月，中央政治局在成都召开了一次重要的扩大会议。在这次会议上，经过深入讨论和认真研究，最终作出了一个重大决定：开工建设丹江口水利枢纽的初期工程。这一决定标志着中国水利建设史上的一项重要工程正式启动。同年 8 月，中央政治局再次召开扩大会议，这次会议的地点选在了风景如画的北戴河。在这次会议上，通过了一项具有重要意义的文件《中共中央关于水利工作的指示》，文件指出："全国范围的较长远的水利规划，首先是以南水（主要是长江水系）北调为主要目的的即将江、淮、河、汉、海河各流域联系为统一的水利系统的规划"，这是"南水北调"一词第一次正式出现在中央文件中。这份文件详细阐述了丹江口水利枢纽工程的宏伟构想，并将其以中央文件的形式正式勾画出来，为工程的顺利进行提供了坚实的政策支持和指导。这两次会议的召开和相关决策的通过，充分体现了中国共产党对水利建设的高度重视，也展示了党中央在推动国家基础设施建设方面的坚定决心。丹江口水利枢纽工程的建设，不仅将为当地带来巨大的经济和社会效益，还将为中国的水利事业树立一个新的里程碑。

在 1958 年 9 月 1 日，来自河南省和湖北省的十几万民工，他们组成了八个民兵师，开始了热火朝天的丹江口水利枢纽大会战。这些民工们完全依靠着扁担、条筐、人力车等原始工具，进行着运土抬石的工作，他们拦水筑坝，付出了巨大的努力。然而，在工程进行过程中，由于质量问题，工程曾经一度停工，但随后又复工。复工后的工程单位对每一道工序、每一个细节都提出了更加严格的要求，以确保工程质量。经过10余年的艰苦努力，到了1971年的2月，全长2.5公里的丹江口大坝终于胜利完工，达到了设计高程162米。我们清晰地观察到，以毛泽东同志为核心的第一代领导集体，始终将人民的利益置于至高无上的地位。他们从为国家和人民谋福祉的角度出发，深思熟虑地提出了具有远见卓识的南水北调工程构想。这一宏伟蓝图旨在解决我国水资源分布不均的问题，为北方地区提供更多的水资源，从而促进当地经济社会的发展和人民生活水平的提高。为了将这一伟大构想付诸实践，第一代领导集体积极推动并启动了南水北调工程的重要组成部分——丹江口水利枢纽的初期工程建设。这一工程的实施，不仅体现了领导集体对国家和人民深切关怀的执政理念，也为后续的水利建设奠定了坚实的基础，展现了他们高瞻远瞩的战略眼光和为人民谋幸福的坚定决心。

在改革开放初期，南水北调工程再次被提上了国家的重要议事日程。1978年，在第五届全国人民代表大会第一次会议上，通过了《政府工作报告》，这份报告正式提出了一个宏伟的计划："兴建把长江水引到黄河以北的南水北调工程"①，这就是后来被称为南水北调的工程。这一提议标志着国家对于解决我国水资源分布不均问题的高度重视，希望通过这一跨流域的调水工程，有效缓解北方地区水资源短缺的状况，促进区域经济社会的协调发展。1980年，邓小平同志亲自前往丹江口水利枢纽工程进行实地考察。他不仅对工程的初期建设情况表示了极大的关注，还详细询问了工程在防洪、发电和灌溉方面的效益，以及大坝二期加高的进展情况。1999年6月，时任中共中央总书记江泽民在黄河治理开发工作座谈会的讲话中对

① 《政府工作报告》，载中央政府门户网站，https://www.gov.cn/test/2008-03/10/content_915512.htm。

南水北调工程给予了充分肯定，指出，“为从根本上缓解我国北方地区严重缺水的局面，兴建南水北调工程是必要的”①。2002 年 10 月 10 日，江泽民同志主持召开中央政治局常委会，听取并审议《南水北调工程总体规划》。2000 年 9 月 27 日，时任国务院总理朱镕基主持召开座谈会，提出了先节水后调水，先治污后通水，先环保后用水的“三先三后”原则。2000 年 10 月，党的十五届五中全会通过的制定第十个五年计划的建议中提出，“加紧南水北调工程的前期工作，尽早开工建设”。2002 年 12 月 23 日，国务院作出了《关于南水北调工程总体规划的批复》，提出“先期实施东线和中线一期工程，西线工程先继续做好前期工作。规划中涉及的建设项目，要按照基本建设程序审批”②。经过一代代中国共产党人的勇于担当和持续不懈的努力，南水北调工程的宏伟蓝图终于得以绘制完成。

二、统筹建设大国重器

2002 年 12 月 27 日，北京人民大会堂举行盛大仪式宣告了南水北调工程的开工典礼正式拉开帷幕。这一重要时刻标志着东线工程的正式启动，具有深远的历史意义。东线工程的核心是以具有悠久历史的京杭大运河作为主要输水干线，其全长达 1467 公里。为了确保工程的顺利进行，工程团队在起始点扬州江都建立了提灌站，这个提灌站的主要功能是抽取长江水，为整个工程提供水源。随后，

---

① 《南水北调工程的基本情况》，载中华人民共和国国家发展和改革委员会网 2002 年 12 月 27 日，https://www.ndrc.gov.cn/xwdt/xwfb/200507/t20050708_958444.html。

② 高俊才：《南水北调工程——绘就四大流域联通的宏伟蓝图》，载中华人民共和国国家发展和改革委员会网，https://www.ndrc.gov.cn/xwdt/gdzt/cl70zn/201909/t20190930_1197750.html。

长江水通过京杭大运河及其平行的河流，采用逐级提水的方式，逐步将水输送到高邮湖、洪泽湖、骆马湖、南四湖和东平湖。这些湖泊被巧妙地用作调蓄水库，以确保水资源的合理分配和利用。长江水在进入东平湖后，将分两个方向进行输送：一条路线继续向北，穿越黄河后，利用自流的方式抵达天津；另一条路线则向东，为烟台、威海等地区提供水源。

为了实现这一宏伟的输水目标，工程团队需要在黄河以南地区建设 21 座泵站，通过梯级抽水的方式进行输送。在这 21 座泵站中，从长江至东平湖的路线设有 13 座梯级抽水站，这些抽水站的总扬程达到了 65 米。这一系列的工程措施和设施的建设，不仅体现了我国在水利工程方面的高超技术水平，也展示了我国在解决水资源分布不均问题上的决心和智慧。

中线工程的开工仪式于 2003 年 12 月 30 日隆重举行，标志着这一宏伟工程的正式启动。该工程的总长度达到了 1432 公里，它的建设是在丹江口大坝加高工程的基础上进行的。通过位于陶岔的渠首引水，利用天然的海拔落差，工程将水源一路向北自流输送到目的地。这条输水线路穿越了长江流域与淮河流域的分水岭——方城垭口，巧妙地通过隧道穿越了黄河，沿着京广铁路的西侧向北延伸，最终将宝贵的水资源输送到河北省，供应给北京和天津这两个北方重要城市。

在中线工程开工的两年后，即 2005 年，丹江口大坝加高工程也正式启动。这一工程的主要目标是将丹江口大坝的坝顶高程从原来的 162 米提升至 176. 6 米，同时将水库的正常蓄水位从 157 米提高到 170 米。通过这一系列的改造，水库的库容将从 174. 5 亿立方米大幅增加至 290. 5 亿立方米，极大地提升了水资源的调蓄能力。

在建设期间，时任中共中央总书记胡锦涛高度重视这一工程的进展。2011 年 5 月，胡锦涛同志亲自登上水库大坝，俯瞰上下游水情，听取南水北调工程建设和丹江口水库运行管理情况汇报。他希望有关方面按照中央要求，进一步把丹江口水库建设好、管理好、维护好，同时抓好移民安置、环境保护、配套工程建设，为加快南水北调工程建设作出更大的努力。[①] 经过近 8 年的艰苦建设，丹江口大坝加高工程终于在 2013 年 8 月 29 日顺利通过了蓄水验收。这一重要里程碑的实现，为南水北调中线工程的全面建设奠定了坚实的基础，标志着我国在解决水资源分布不均问题上迈出了关键性的一步。

河南省在推进工程建设时采取了先攻克难点后处理易点的策略，集中力量解决控制性工程问题。在河南省境内，穿黄工程、安阳段、新乡潞王坟膨胀岩试验段以及南阳膨胀土试验段这四项工程，构成了中线工程在河南的关键节点。面对这些技术挑战，工程技术人员经过不懈努力，成功克服了重重困难，在确保工程质量的基础上，按时完成了建设任务。

河北省则承担了京石段、邯石段和天津干线这三段工程的建设，总长度达到 596 公里。面对挑战，建设者们不畏艰难，全力以赴，通过优化设计方案，确保了工程的建设进度。北京段主要采用地下管涵，由于人口密集、建筑物众多以及地下地上文物丰富，水文地质条件复杂，施工难度极高。尽管如此，建设者们还是克服了重重障碍，于 2008 年 4 月，在奥运会之前成功完成了全段工程，使北京成为中线工程最早竣工的城市。

南水北调中线工程在河南省和湖北省的库区经历了多次移民搬迁。在工程的初期阶段，库区共迁移了 48. 9 万名居民；到了中线一

---

① 《科学谋崛起　荆楚齐奋进——记胡锦涛总书记在湖北考察工作》，载中国经济网，http://www. ce. cn/xwzx/gnsz/szyw/201106/04/t20110604_22461952_1. shtml。

期工程，又有34.8万名居民搬迁，这一过程影响了河南和湖北两省的6个县（市、区）、40个乡镇，涉及耕地面积达25.6万亩。整个南水北调中线和东线的干线工程共搬迁了8.2万人，永久征地和临时用地面积共计88.3万亩。

在南水北调工程的推进过程中，建设者们不畏艰难、攻坚克难，移民群众展现了无私的大爱和默默的奉献精神，而全体党员干部则忠诚担当、恪尽职守。得益于大家的持续努力，南水北调东线和中线一期工程分别于2013年11月15日和2014年12月12日正式通水。从毛泽东主席提出这一宏伟构想，到党的历任领导核心的持续努力和长期坚持，从工程的前期勘探设计、论证规划，到建设期间的数次大规模移民安置，这一历时50余年、跨越两个世纪的伟大工程，终于实现了从南方水资源丰富地区向北方缺水地区的大规模调水。

三、一江清水永续北送

截至2024年12月12日，南水北调东中线一期工程全面通水10年，累计向北方调水超767亿立方米，为沿线7省市45座大中城市、1.85亿人提供稳定优质水源，带来了显著的综合效益，并且在确保水安全方面发挥了至关重要的支撑作用。

持续优化水资源配置格局。南水北调工程建立并完善水资源调度会商机制，这一机制的实施，旨在采取精确精准的调度策略，充分利用现有的工程输水能力，向北方地区增加调水和供水量。例如，在2021年和2023年，丹江口水库的蓄水水位两次达到了170米的设计水位。这一成就不仅为中线工程的供水提供了充足的水量保障，显著提升了京津冀豫地区的供水保证率，还为增加向汉江中下游的补水量以及中线工程的生态补水量创造了有利条件，提高了河湖水域水生态环境的容量，改善了汉江中下游和北方受水区的水生态环境。目前，南水北调工程的水源已经从规划中的辅助水源转变为受水区的主力水源。在北京城区，超过 70% 的供水依赖南水，而天津主城区的供水几乎完全依赖南水。东线一期工程已经构建起山东省的“T”字形骨干水网，进一步加强了水资源的调配能力。东线北延工程的实施，进一步将东线一期工程的供水范围扩展至河北和天津，使得更多地区受益于南水北调工程。随着国家水网主骨架和大动脉的加速构建，水资源配置的战略格局不断得到优化和完善。这一进程不仅提升了水资源的利用效率，还为经济社会的可持续发展提供了坚实的水资源保障，能够更好地满足各地区的需求，促进生态环境的持续改善。

有效确保人民群众的饮水安全。南水北调工程不仅提供了纯净的水质，而且供水的稳定性也得到了显著的提升，已经成为沿线众多城市和乡村供水的“生命线”。自 2023 年 7 月起，中线一期工程已经进行了第四次输水量的增加，这一举措有效地缓解了北方地区在夏季持续高温和干旱的不利影响下所面临的困境，确保了沿线地区在生产、生活以及生态用水方面的需求得到满足。在 2017 年和 2018 年，山东省遭遇了严重的干旱，东线一期工程在此关键时刻保障了青岛、烟台等重要城市的供水安全，避免了因缺水而引发的危机。在郑州中心城区，超过九成的居民生活用水依赖于南水北调工程，这使得当地居民基本上结束了长期依赖黄河水的历史。同样，在河北省黑龙港流域，500 多万居民也告别了长期饮用含氟量高、口感苦涩的水源的历史。南水北调工程的实施，使从“有水饮用”到“饮用优质水”的转变成为现实，极大地增强了人民群众的获得感、幸福感和安全感，使饮水安全更加有保障且可持续。

助力河湖生态复苏。南水北调工程采取了一系列有效的策略，包括水源置换和生态补水等助力河湖生态复苏。这些措施不仅确保了沿岸河湖的生态安全，还为华北地区地下水的超采综合治理提供了有力支持。通过这一宏伟工程，已经向北方50多条河流提供了超过110多亿立方米的生态补水，极大地促进了滹沱河、瀑河、白洋淀等众多河流湖泊的生态复苏，显著改善了河湖生态环境。曾经被人们称为“酱油湖”的南四湖，经过南水北调工程的生态补水，如今已经跻身全国水质优良湖泊之列。此外，“泉城”济南也重现了四季泉水喷涌的美景，让游客们再次领略到这一独特景观的魅力。河北邢台的百泉在近30年的干涸后，也实现了泉水的复涌，为当地带来了新的生机与活力。

南水北调工程有效遏制了华北地区地下水水位的下降趋势，并在地下水超采综合治理方面取得了显著成效。中线工程向永定河的生态补水，助力永定河在2021年实现了首次全线通水，这标志着该河流生态系统的重大复苏。东线北延工程助力京杭大运河在2022年和2023年实现了百年来连续两次的全线水流贯通，这不仅提升了大运河的生态价值，还为航运和旅游带来了新的发展机遇。通过这些具体的生态补水措施，南水北调工程不仅改善了河湖生态环境，还为当地社会经济发展提供了有力支持，展现了水利工程在生态保护和综合利用方面的巨大潜力。

畅通南北经济循环。为了实现南北经济循环的畅通，南水北调工程成功地将南方丰富的水资源优势转化为北方的经济优势。这一宏伟工程不仅促进了受水区域经济结构的优化与调整，还为国家重大战略的实施提供了有力支持，为京津冀协同发展、雄安新区建设等重大战略的实施提供了坚实的水资源保障。东线工程显著提升了京杭大运河的航运条件，江苏和山东境内新增通航里程80公里，连接了南四湖与东平湖，多条航道的通航条件得到显著改善。山东济宁段航道实现了内河航运通江达海，江苏运河的货运量显著增加。这些数据充分展示了南水北调工程在促进南北经济循环方面的巨大贡献，进一步助力了南北经济循环的畅通，为国家经济发展注入了新的活力。

全面推动后续工程建设。为了全面推动后续工程建设，水利部正推进《南水北调工程总体规划》的修编工作，同时也在积极筹备东线二期工程和西线工程的前期工作。在引江补汉出口段主体隧洞的施工过程中，各项工作进展顺利，工程输水总干线即将全面进入施工阶段。为了确保工程质量与安全始终处于可控状态，相关部门采取了一系列严格措施。与此同时，数字孪生技术在南水北调工程中的先行先试已经取得了显著的成效。这一项目通过利用先进的数字技术，实现了对南水北调工程的全面模拟和实时监控，极大地提高了工程管理的效率和安全性。数字孪生水网南水北调的建设也在加速推进，这一工程将通过数字化、网络化、智能化的手段，进一步提升工程管理的水平。

随着工程管理的数字化、网络化、智能化水平的持续提升，水安全保障的基础得到了进一步夯实。这不仅有助于提高水资源的利用效率，还能更好地应对各种自然灾害和突发事件，确保水资源的稳定供应。通过这些措施，南水北调工程将更好地服务于国家的水资源配置和经济社会发展，为人民群众提供更加安全、可靠的水资源保障。

第二节　南水北调故事的主要特点

南水北调故事，是中国共产党领导下的广大人民群众在宏伟的国家建设项目中，展现出的坚韧不拔、勇往直前的奋斗精神的真实写照。这一故事不仅彰显了中国在大规模基础设施建设中的卓越成就，还深刻体现了具有鲜明时代特色和丰富实践特征的地方特色精神文化资源。在这一伟大工程的背后，人民性是南水北调故事最为鲜明的底色，它深刻揭示了南水北调故事的本质核心和精神根基。正是这种以人民为中心的建设理念，使得南水北调工程不仅仅是一项宏伟的水利工程，更是一段充满人文关怀和人民情怀的历史篇章。科学性和创新性是南水北调故事的另一显著品格，它们代表了以大国工程命名的中国精神的显著特征。在南水北调工程的规划、设计和实施过程中，无不体现了科学决策和技术创新的重要性。从工程的前期研究到后期的建设，每一个环节都凝聚了无数科技工作者的智慧和汗水，他们以科学的态度和创新的精神，攻克了一个又一个技术难题，确保了工程的顺利进行。这种科学性和创新性的结合，不仅为南水北调工程的成功奠定了坚实的基础，也为中国乃至世界水利工程的发展树立了新的标杆。继承性是南水北调故事的突出本色，它与中国共产党人的精神谱系一脉相承，继承了中国精神的基因，赓续了中国精神的血脉。南水北调工程的建设，不仅仅是对自然环境的改造，更是对中华优秀传统文化和革命文化的传承与发展。在这一伟大工程中，我们可以看到无数中国共产党人和人民群众继承和发扬了革命先辈的光荣传统，以无私奉献和艰苦奋斗的精神，克服重重困难，最终实现了这一宏伟目标。南水北调工程的成功，不仅解决了北方地区水资源短缺的问题，更为我们留下了宝贵的精神财富，激励着一代又一代的中国人继续为实现中华民族伟大复兴的中国梦而不懈奋斗。

一、人民性

人民性是南水北调故事的核心本质，这一特质深深植根于南水北调工程的每一个环节和细节之中。人民性不仅是马克思主义政党的根本属性，更是其与其他政党最本质的区别所在。中国共产党始终坚持以人民为中心的发展思想。以人民为中心不仅是一种工作方法论，更是建党一百多年来，党在不同历史时期对人民观念的深刻凝练和总结。依靠人民、为了人民，始终是党的先进性和生命力的持续源泉。

南水北调工程正是在这样的理念指导下，由几代南水北调人倾注心血、不懈努力而建成的伟大水利工程。它不仅仅是一项宏伟的工程，更是中国共产党始终坚守“为人民服务”执政理念在大国工程建设中的生动体现。南水北调工程的建设过程中，充分体现了党同人民群众的紧密联系，彰显了党始终将人民的利益放在首位的政治本色。通过这一工程，中国共产党不仅践行了其初心和使命，也为人民群众带来了实实在在的福祉，实现了水资源的合理调配，促进了区域经济社会的协调发展。南水北调工程的成功，正是中国共产党以人民为中心的执政理念的成功，是中国共产党的先进性和生命力的生动展示。

南水北调故事深刻地体现了中国共产党“为人民服务”的执政理念。这一理念最早由毛泽东同志提出，并在党的七大政治报告中进行了深入阐述。毛泽东同志将“全心全意为人民服务”确立为中国共产党区别于其他政党的显著标志，并将其写入了七大党章，使之成为中国共产党的根本宗旨。这一执政理念准确地揭示了党同人民群众之间关系的本质，强调了人民群众在历史发展中的主体地位。

南水北调工程正是这一执政理念在具体工程建设中的精神体现，它在多个方面展现了这一理念的内涵。首先，南水北调工程的人民性体现在始终将最大多数人民的利益放在首位。工程的建设着眼于最广大人民群众的根本利益，致力于为人民谋取幸福。南水北调工程作为一项重大的水利工程，其三条输水线路不仅为中国的南北方经济发展提供了有力的水资源支持，还显著提升了沿线居民的供水质量，确保了人民群众的基本生活需求。其次，南水北调故事的人民性体现在每一个参与工程建设的党员都必须全心全意地为人民服务，不能有半心半意或三心二意的态度。在长达数十年的工程建设过程中，数十万建设者不畏艰难险阻，顽强拼搏，展现了极高的奉献精神。同时，43.5 万移民群众为了大局考虑，无私奉献，放弃了自己原有的家园和生活。各地区、各部门之间通力合作，团结协作，形成了实施这一重大跨流域调水工程的强大合力。这种团结协作的精神正是社会主义集体主义价值观的生动体现。最后，南水北调故事的人民性体现在无论历史阶段和条件如何变化，无论当前的具体工作和任务如何，都必须始终遵循和服从“为人民服务”的最高准则。在南水北调工程建设的历程中，几代人的共同努力汇聚成了一股强大的力量，这股力量不因时代的变迁而减弱。几代人坚持的跨世纪调水梦想，在一代又一代人的接续奋斗中终于成为现实，充分展示了中国共产党“为人民服务”执政理念的深远影响和持久生命力。

习近平总书记指出：“历史充分证明，江山就是人民，人民就是江山，人心向背关系党的生死存亡。”[①] 南水北调工程是中国共产党“为人民服务”的根本宗旨在工程建设中的具体体现，它充分展示了

---

① 《在党史学习教育动员大会上的讲话》，载求是网，http://www.qstheory.cn/dukan/qs/2021-03/31/c_1127274518.htm。

中国共产党来自人民、扎根人民、服务人民、奉献人民的生动实践。这一伟大工程的精神血脉中，融汇了中国共产党人携手人民共同开辟江山的为民情怀。南水北调工程的建设，首先是为人民而建的，它旨在解决我国水资源分布不均的问题，特别是缓解北方地区水资源短缺的状况。其次，南水北调工程的建设离不开人民的共同努力。广大人民群众积极参与到工程建设中，用自己的智慧和汗水为这一宏伟工程贡献力量。最后，南水北调工程的成果由人民共享。通过这一工程，沿线居民的供水质量得到了显著提升，水资源的合理调配使得原本干涸的河流重新焕发生机，地下水位得到了有效反哺，水生态环境恶化的现状得到了缓解。如华北地区通过南水北调工程，实施了一系列水资源管理措施，如置换超采地下水、实施生态补水、限制地下水开采等，使得可利用的水资源显著增加。河湖、湿地面积的显著扩大，不仅改善了生态环境，也为当地居民带来了实实在在的好处。此外，南水北调工程的移民村通过完善基础设施，发展绿色产业，使得移民群众能够搬得出、稳得住、能致富。这些移民村走出了一条具有水源区特色的生态优先、绿色发展之路，真正让南水北调成为守护人民民心的“幸福”水工程，为人民群众带来了实实在在的福祉。

总之，南水北调故事充分体现了以人民为中心的发展思想。党的十八大以来，中国特色社会主义迈入了崭新的时代，习近平总书记对党同人民群众之间的关系进行了更为深刻和全面的思考。他提出了一系列新的理论观点，形成了一个明确的以人民为中心的发展理念。这一理念科学地分析和准确地把握了中国社会矛盾的变化，庄严地宣告了“人民对美好生活的向往，就是我们的奋斗目标”。南水北调工程所带来的巨大生态效益，真正满足了人民对美好生活的向往这一核心价值追求。

二、科学性

科学性是南水北调故事的显著特征。南水北调故事的科学性体现在始终以马克思主义的科学真理为根本指南引领南水北调工程建设，是对马克思主义科学观的继承和发展。也是民族精神和时代精神的具体体现，是科学家精神的现实写照。工程确立以“先节水后调水，先治污后通水，先环保后用水”为原则，推动工程沿线生态文明建设与经济社会绿色发展相结合的步伐，成为践行贯彻落实习近平生态文明思想的生动实践，为加速构建国家水网、建设美丽中国贡献力量。

南水北调故事是对马克思主义科学观的继承发展。马克思主义科学观是马克思主义的重要组成部分，是马克思主义关于科学的本质、作用等问题的理论。马克思、恩格斯高度评价科学的社会作用，他们指出了科学的生产力功能，“科学的力量也是不费资本家分文的另一种生产力”①，“生产力中也包括科学”②。他们指出了科学的社会变革功能，在这里，科学包括全部的科学、全部的技术，如社会科学、自然科学、工程技术等。南水北调故事中创新求精的丰富内涵就是对马克思主义科学观的继承发展。南水北调工程建设中，在工程技术领域取得的大量的新产品、新材料、新工艺、新装置、计算机软件等科技成果，对于推动工程建设和高质量发展、加快构建国家水网主骨架和大动脉提供了技术支撑和丰富经验。

南水北调故事，生动地展现了科学家精神在现实生活中的真实

---

① 《马克思恩格斯全集》（第47卷），人民出版社1979年版，第553页。

② 《马克思恩格斯文集》（第8卷），人民出版社2009年版，第188页。

写照。在 2019 年 6 月 11 日，中共中央办公厅和国务院办公厅联合发布了《关于进一步弘扬科学家精神加强作风和学风建设的意见》。这份文件明确指出，科学家精神的核心内容包括“胸怀祖国、服务人民的爱国精神”“勇攀高峰、敢为人先的创新精神”“追求真理、严谨治学的求实精神”“淡泊名利、潜心研究的奉献精神”“集智攻关、团结协作的协同精神”“甘为人梯、奖掖后学的育人精神”。南水北调故事，正是这些精神的集中体现。首先，南水北调故事是一种深刻的爱国精神。几代工程建设者们将对祖国的深厚情感转化为具体的工程建设行动，他们以国家利益为重，将个人的奉献融入这项伟大的工程之中。其次，南水北调故事也是一种创新精神的体现。例如，南水北调中线干线工程横跨了四个主要流域带，影响了众多地区，其线路之长、涉及面之广，在国内外均无先例。面对如此规模和难度的工程，存在许多尚未解决或缺乏工程实例的技术难题和项目管理挑战，这需要通过科学研究和技术创新来克服。此外，南水北调故事还展现了求实精神。南水北调工程建设委员会的专家们坚持解放思想、实事求是、理性质疑、认真求证的工作态度，确保了工程的科学性和可靠性。同时，南水北调故事也是一种奉献精神的体现。南水北调东中线一期工程的顺利建成和通水，离不开几代南水北调人和广大移民群众的无私奉献和舍家为国的精神。最后，南水北调故事还体现了协同精神。如此浩大的工程，绝非一人或一个部门所能独立完成，它需要各方齐心协力、团结共建。此外，南水北调故事还与社会主义核心价值观高度契合，是新时代必须弘扬的宝贵精神文化资源。通过南水北调工程的实施，我们不仅解决了水资源分布不均的问题，还传承和发扬了科学家精神，为国家的长远发展注入了强大的精神动力。

三、继承性

习近平总书记指出："一百年来，中国共产党弘扬伟大建党精神，在长期奋斗中构建起中国共产党人的精神谱系，锤炼出鲜明的政治品格。历史川流不息，精神代代相传。我们要继续弘扬光荣传统、赓续红色血脉，永远把伟大建党精神继承下去、发扬光大！"[①]南水北调工程不仅仅是一项宏伟的水利工程，它还承载着中华民族的优秀传统文化，继承和发扬了中国共产党的优良传统。这一伟大工程在新时代背景下，为中国故事增添了新的篇章，续写了中国在现代化建设中的辉煌成就。

南水北调故事深深植根于中华优秀传统文化的精神血脉之中。自古以来，中华民族的发展历程实际上就是一部波澜壮阔的治水史。早在远古时期，大禹治水的壮举就标志着我国人民为了治理洪水，开始了漫长而艰巨的斗争。当我们回顾历史，可以看到无数的调水工程贯穿其中，这些工程不仅为中华民族的统一和繁荣作出了不可磨灭的贡献，而且也成了中华文明发展的重要标志。例如，在先秦时期，李冰父子主持修建的都江堰工程，巧妙地引岷江之水灌溉成都平原，使这片土地成了举世瞩目的天府之国。到了秦国时期，郑国渠的开凿"引泾入洛"，成功地将原本贫瘠的渭北平原改造成了富饶的八百里秦川。而到了隋朝，京杭大运河的开凿更是名垂青史，它连接了海河、黄河、淮河、长江以及钱塘江等多条重要河流，极大地促进了南北地区的融合以及沿线地区的经济和文化发展。

---

① 习近平：《在庆祝中国共产党成立 100 周年大会上的讲话》，载新华网，http://www.xinhuanet.com/2021-07/15/c_1127658385.htm。

南水北调工程不仅仅是一项宏伟的水利工程，更是一项宝贵的精神文化工程。它不仅展现了中华文化的深厚底蕴，而且在新时代背景下，对中国治水精神进行了传承和发扬。南水北调中线工程从楚汉文化的发源地开始，沿途流经夏商文化的遗址，穿越燕赵文化的腹地，最终进入畿辅文化的中心地带。这一过程中，南水北调工程与长城、大运河、长征国家文化公园、黄河文化生态带、中线工程生态带等重要文化标志相互贯通，形成了一条流动的文化展示带。这不仅有助于对中华优秀传统文化的继承和弘扬，也为现代社会提供了宝贵的文化遗产和精神财富。

南水北调故事，不仅继承和发扬了中国共产党的优良传统，而且深刻体现了中国共产党百年历史的辉煌篇章。这部历史，实际上是一部中国共产党领导人民英勇奋斗的壮丽史诗，也是一部革命精神代代相传、不断发展的辉煌历程。在这百年历程中，中国共产党经历了四个重要的历史时期：新民主主义革命时期、社会主义革命和建设时期、改革开放和社会主义现代化建设新时期，以及中国特色社会主义新时代。而南水北调工程，从最初的伟大构想、设计论证，到最终建成通水，经历了长达 60 余年的艰辛历程。在这个过程中，南水北调工程不仅见证了中国社会主义革命和建设时期，也经历了改革开放和社会主义现代化建设新时期，并在中国特色社会主义新时代中，逐渐展现出其在经济、政治、社会、生态等多方面的显著效益。南水北调故事，以社会主义革命和建设这一历史时期为起点，以重大水利工程为载体，记录了数代南水北调人不懈奋斗的实践成果，同时也是改革开放 40 余年建设中的一项重大成就。南水北调工程的建设历程，实际上是中国共产党领导中国人民进行建设和改革实践的一个现实缩影。而在这个过程中孕育出的南水北调故事，也深深浸润了中国共产党百年历史伟大实践的滋养。

南水北调故事正是正确处理国家利益与集体利益、局部利益与整体利益、眼前利益与长远利益关系的精神写照。它是在中国共产党的领导下，发挥和发扬团结治水、合作共建的优良传统的工程典范。南水北调故事集中体现了在党的领导下统筹协调、科学发展的精神，彰显了全国一盘棋的协作精神。这一伟大工程不仅为解决我国北方地区水资源短缺问题提供了有力支撑，也为我国水利工程的建设和发展树立了光辉的榜样。南水北调工程的成功实施，充分展示了中国共产党领导下的中国特色社会主义制度的巨大优越性，以及中国人民在党的领导下团结一心、攻坚克难的强大力量。

南水北调工程不仅仅是一项宏伟的水利工程，它还深刻地丰富了中国精神的时代内涵。如在南水北调中线工程的起点，我们可以感受到中原文化的深厚底蕴，这种文化熏陶孕育了无数感人至深的南水北调故事。中原地区，以河南为中心，是中华民族的摇篮，华夏文明的发源地。这里悠久的古代文明孕育了炎黄文化、河洛文化、根亲文化等多种灿烂的历史文化。在历史的长河中，中原大地涌现出了一批又一批杰出的历史人物，如周公、老子、包拯、岳飞等，他们的事迹和精神影响了无数后人。正是这些历史名人的精神，催生了愚公移山精神、焦裕禄精神、红旗渠精神等具有深厚文化底蕴的河南精神。中原文化为南水北调故事的形成提供了坚实的基础。南水北调故事深深植根于这片充满文化底蕴的土地，使得其自身的产生和发展都带有河南文化的深刻印记。这些故事不仅展现了工程技术人员和建设者的智慧和勇气，还体现了他们对国家和人民的深厚情感和责任感。南水北调工程的建设过程中，无数感人至深的故事不断涌现，这些故事不仅激励着参与工程建设的每一个人，也成了传承和弘扬河南精神的重要载体。

通过这些故事，我们可以看到南水北调故事与中原文化的紧密联系，它们相互交融，相互促进，共同丰富了河南精神的时代内涵。南水北调工程不仅仅是一项伟大的水利工程，更是一次精神文化的传承和创新。它让我们深刻理解到，一个国家的发展离不开文化的支撑，而南水北调工程正是在中原文化的沃土上，绽放出一朵朵璀璨的精神之花。

四、创新性

习近平总书记指出："科技是国家强盛之基，创新是民族进步之魂。自古以来，科学技术就以一种不可逆转、不可抗拒的力量推动着人类社会向前发展。"① 创新精神，作为中华民族自古以来的固有禀赋，深深地植根于我们的文化与历史之中。这种创新精神，正是南水北调这一宏伟工程故事中最为鲜明的品格。它不仅仅贯穿于南水北调工程的整个建设过程，从规划设计到实际施工，每一个环节都闪烁着创新的火花。同时，这种创新精神也深深地镌刻在南水北调故事的塑造过程中，无论是工程技术人员的智慧结晶，还是普通建设者的辛勤付出，都体现了中华民族在面对重大挑战时所展现出的非凡创新能力。正是这种创新，使南水北调工程不仅仅是一项伟大的水利工程，更成了一个充满智慧与勇气的传奇故事，激励着一代又一代的中国人继续在各个领域追求卓越与突破。

在中华民族传统的价值观念中，始终蕴藏着丰富的创新和变革的思想。正如古语所言，"苟日新，日日新，又日新"，这体现了我们对新事物的追求；而"穷则变，变则通，通则久"，则揭示了我们

---

① 习近平：《在中国科学院第十七次院士大会、中国工程院第十二次院士大会上的讲话》，人民出版社 2014 年版，第 3 页。

对变革的渴望。正是这种不断创新和求变的精神，使得中华民族得以绵延不绝，充满生机与活力。在人文思想领域，从老子、孔子、庄子、孟子到墨子等众多思想巨匠，他们的思想百家争鸣、百花齐放，极大地丰富了人类的精神世界。在器物技术领域，造纸术、火药、印刷术、指南针这四大发明，深刻地影响了人类文明的进程，推动了人类社会的进步。在文学艺术领域，诗经、楚辞、汉赋、唐诗、宋词、元曲等伟大的文艺作品，不仅丰富了人类的文化宝库，也推动了人类文艺事业的繁荣兴盛。在工程建设领域，万里长城、都江堰、大运河、故宫等伟大工程，不仅展示了我们祖先的智慧，也推进了人类建造技艺的新突破。南水北调工程正是秉承了这种中华民族的创新求变精神，创下了多项“世界之最”，成为世界上调水规模最大、距离最长、受益人口最多、受益范围最广、在世界移民史上创造了最大强度移民搬迁的调水工程。南水北调所蕴含的创新精神，不仅体现了中华民族的智慧和力量，也使得南水北调成为人类调水史上最为卓越的工程之一，为世界水利工程树立了新的标杆。

南水北调故事，同时也是时代精神的生动体现。所谓时代精神，是指在每一个特定的历史时期，以人类为主体所进行的各种实践活动所展现出的精神风貌和优秀品质，这种精神风貌和优秀品质构成了该时代的独特而普遍的精神实质。南水北调故事，正是以其改革创新的时代特点，贯穿于整个工程的各个阶段，尤其是在攻克工程技术难关的过程中。以南水北调中线工程为例，这条横跨中国南北的重要水利工程，其干线工程穿越了四个主要流域带，影响了众多地区，线路之长，涉及范围之广，都是前所未有的。在国内外，如此规模巨大、难度极高的工程实例几乎找不到先例。然而，正是通过一系列的科技创新，南水北调工程成功地解决了一系列长期悬而未决的技术难题，以及那些在工程实践中尚未有成功案例的项目管理问题。

南水北调故事的改革创新和创新性特点，不仅体现在工程技术的突破上，还体现在科技创新成为工程安全运行的强大助力。如今，创新已经成为南水北调工程的显著标志，成为时代精神在大国工程建设过程中的具体体现。南水北调工程不仅仅是一项宏伟的水利工程，更是一段充满时代精神的历史篇章，它见证了中国人民在面对重大挑战时所展现出的智慧、勇气和决心。通过这一伟大工程的实施，我们不仅解决了水资源分布不均的问题，更为未来类似大型工程的建设积累了宝贵的经验。南水北调故事，将永远激励着我们继续前进，不断追求创新，为实现中华民族的伟大复兴贡献力量。

第二章　新时代高校思政课“为什么讲”南水北调故事

精神，作为一种无形的信念支柱，对于一个国家的持续繁荣和历久弥新具有至关重要的作用。它不仅是国家发展的灵魂，更是民族进步的动力源泉。故事，作为一种传递精神内涵、实践精神理念的重要媒介，为时代的发展留下了鲜明的印记。它通过生动的情节和深刻的内涵，将精神的力量传递给每一个听众，激励着人们在各自的岗位上奋发有为。

南水北调故事，承载着中国共产党带领中国人民在改造自然、治理水患的宏伟实践中孕育出的南水北调精神。这一精神不仅蕴含着深厚的历史文化底蕴，还散发着鲜明的时代气息。它见证了中国人民在面对自然挑战时的智慧与勇气，展现了中国人民积极向上、坚韧不拔的精神风貌。南水北调精神凝聚了全体人民共同的价值认同，成为新时代中国力量与中国精神的有力见证。

在迈向第二个百年奋斗目标的新征程中，讲好南水北调故事，挖掘其时代价值，具有重大的意义。这些故事不仅能够激发人们的爱国情怀，还能够启迪人们在新时代的奋斗中继续发扬南水北调精神，为实现中华民族的伟大复兴贡献自己的力量。通过深入挖掘和广泛传播南水北调故事，我们可以让更多的大学生了解这一伟大工程背后的精神力量，从而在全社会形成崇尚实干、勇于创新的良好氛围，为实现第二个百年奋斗目标提供强大的精神动力。

在新时代高校思政课中，讲好南水北调故事不仅仅是为了传递知识，更是为了激发学生的爱国情怀、培养他们的社会责任感和历史使命感。因此，为什么讲南水北调故事，成为思政课教师需要深入思考的问题。南水北调工程不仅是一项宏伟的水利工程，更是我国统筹区域发展、优化资源配置的重要战略举措。在思政课上讲述南水北调故事，教师需要深入挖掘其背后蕴含的丰富内涵和时代价值，引导学生理解国家发展的大局观和长远规划。

首先，南水北调工程体现了我国政府解决区域发展不平衡问题的决心和智慧。通过这一工程，将南方丰富的水资源调配到北方缺水地区，有效缓解了北方地区的水资源短缺问题，促进了经济社会的协调发展。在思政课上，教师可以引导学生思考如何在国家层面统筹资源，实现区域均衡发展，从而培养学生的全局观念和责任感。其次，南水北调工程展示了我国科技进步和创新能力的显著提升。从工程设计、施工技术到运营管理，南水北调工程都凝聚了我国科技人员的智慧和心血。在思政课上，教师可以结合南水北调工程的具体案例，向学生介绍我国在水利科技领域取得的成就，激发学生对科学探索的兴趣和爱国情怀。再次，南水北调工程还体现了我国生态文明建设的理念。在工程实施过程中，始终坚持生态优先、绿色发展，采取了一系列生态保护和修复措施，确保工程对环境的影响降到最低。在思政课上，教师可以引导学生思考如何在推动经济社会发展的同时，保护好生态环境，培养学生的绿色发展理念。最后，南水北调工程的成功实施，离不开广大建设者的辛勤付出和无私奉献。在思政课上，教师可以讲述建设者们克服重重困难、勇攀科技高峰的感人故事，弘扬劳动光荣、创造伟大的社会主义核心价值观，激励学生树立正确的世界观、人生观和价值观。

综上所述，南水北调故事不仅是思政课教师教学的重要内容，更是培养学生综合素质、激发爱国情感的重要载体。通过深入挖掘和生动讲述南水北调工程背后的故事，思政课教师可以更好地引导学生全面认识国家发展的宏伟蓝图，培养他们成为有理想、有本领、有担当的时代新人。

第一节　讲好南水北调故事是增强新时代大学生使命担当的需要

南水北调工程是我国一项宏伟的跨流域调水工程，旨在解决我国南多北少、东多西少的水资源分布不均问题。自 2002 年开工以来，南水北调工程以其规模之大、影响之深远，成为我国水利建设史上的一座丰碑。通过东线、中线和西线三条调水线路，将长江、黄河、淮河、海河四大流域连接起来，形成了一个巨大的水资源调配网络。东线工程利用京杭大运河等现有河道，通过泵站逐级提水，将长江水输送到华北地区。中线工程则从汉江的丹江口水库引水，通过人工渠道直达北京、天津等地。西线工程尚在规划中，计划将长江上游的水资源调往黄河上游，进一步优化我国西部地区的水资源配置。在新时代背景下，讲好南水北调故事，不仅能够增强大学生对国家重大战略的认识和理解，更能激发他们的爱国情怀和使命担当。通过深入了解南水北调工程的建设背景、过程和成果，大学生们可以更加直观地感受到我国在水资源管理、生态环境保护和基础设施建设等方面取得的巨大成就，从而树立起为国家发展贡献智慧和力量的决心。

一、讲好南水北调故事有利于大学生正确了解新中国史和改革开放史

南水北调工程，作为我国在新世纪启动的一项宏伟的水利工程，不仅在技术领域取得了显著的突破，而且在社会、经济和生态等多个领域产生了深远的影响。通过深入讲述南水北调工程背后的故事，大学生们可以更加直观地感受到新中国在基础设施建设方面取得的巨大进步，以及自改革开放以来我国综合国力的显著提升。

首先，南水北调工程的实施，充分展示了我国在大型水利工程领域的技术实力和创新能力。从东线工程的建设，到中线工程的顺利推进，再到西线工程的规划与实施，整个工程涉及的调水线路长达数千公里，穿越了多种复杂的地形地貌，如高山、河流、平原等。通过讲述南水北调故事，大学生们可以了解到我国工程师和建设者们是如何运用现代科技和智慧，克服重重困难，成功实施这一宏伟工程的。他们将了解到在工程设计、施工和管理等方面所采用的先进技术，如盾构机的使用、大坝建设技术，以及水资源调度系统的建立等。

其次，南水北调工程的建设过程，也是我国改革开放政策的具体体现。工程涉及的巨额投资、跨区域的协调合作以及对生态环境的综合考量，都离不开改革开放带来的经济活力和政策支持。通过讲述南水北调故事，大学生们可以更加深刻地认识到改革开放政策对国家发展的推动作用，以及在这一过程中所积累的宝贵经验。他们将了解到改革开放如何为工程提供了资金、技术和人才支持，以及如何通过政策引导，促进区域间的合作与协调。

再次，南水北调工程的实施，对改善北方地区的水资源短缺状况起到了重要作用。通过讲述南水北调故事，大学生们可以了解到

水资源的合理调配对于区域经济发展和社会稳定的重要性。他们将了解到工程如何通过调水，缓解了北方地区的水资源压力，促进了农业灌溉、工业生产和城市供水的可持续发展。同时，工程在建设过程中对环境保护的重视，也向大学生们传递了可持续发展的理念，使他们认识到在发展经济的同时，必须保护好生态环境，实现人与自然的和谐共生。

最后，南水北调工程的成功实施，还体现了我国政府在重大民生工程上的责任担当。通过讲述南水北调故事，大学生们可以感受到国家在解决人民群众实际问题上的决心和行动力，从而增强他们对国家未来发展的信心。他们将了解到政府如何通过这一工程，改善了北方地区人民的生活质量，提高了他们的生活水平，促进了社会的和谐稳定。

总之，讲好南水北调故事，不仅有助于大学生们正确了解新中国史和改革开放史，更能激发他们的爱国情怀，增强他们的社会责任感，培养他们成为具有创新精神和实践能力的社会主义建设者和接班人。通过这些故事，大学生们将深刻认识到，作为新时代的青年，他们肩负着推动国家发展的重任，需要在学习和实践中不断提升自己的综合素质，为实现中华民族的伟大复兴贡献自己的力量。

二、讲好南水北调故事有利于大学生科学把握世情、国情、党情

南水北调故事，对于大学生来说，具有极其重要的意义。这不仅有助于他们科学地理解世界形势、国家的基本情况和党的历史，而且还能进一步增强他们的历史使命感和社会责任感。南水北调工程，作为全球规模最大的跨流域调水工程之一，不仅仅是一项宏伟

的水利工程，更是中国共产党领导下的一项重大战略决策。通过深入地了解南水北调工程的背景、规划、实施过程以及所带来的效益，大学生们可以更加深刻地认识到中国共产党在国家建设中的核心领导作用。

首先，南水北调工程的实施充分展现了中国共产党科学决策和统筹兼顾的能力。面对我国北方地区水资源短缺的严峻形势，党中央高瞻远瞩，提出了南水北调工程的宏伟蓝图。这一工程不仅解决了北方地区的用水问题，还促进了区域经济的协调发展，体现了党的战略思维和全局观念。通过这一工程，大学生们可以了解到中国共产党在面对重大挑战时，如何科学地制定决策，并且统筹兼顾各方面的利益，以确保国家的长远发展。

其次，南水北调工程的成功建设展示了中国共产党带领人民攻坚克难、勇于创新的精神。在工程实施过程中，面对复杂的地质条件、艰巨的施工任务和繁重的移民安置工作，各级党组织和广大党员干部充分发挥了先锋模范作用，带领人民群众克服了一个又一个困难，创造了一个又一个奇迹。通过讲述这些感人至深的故事，大学生可以深刻感受到中国共产党的强大组织力和战斗力，以及在面对困难时，党同人民群众紧密团结、共同奋斗的精神。

再次，南水北调工程的顺利运行彰显了中国共产党始终坚持以人民为中心的发展思想。中国特色社会主义道路，是经过党和人民在长期的革命、建设和改革实践中开辟出来的，它不仅是实现国家富强、民族振兴、人民幸福的唯一正确路径，而且是经过历史检验和实践证明的科学道路。这条道路紧密贴合我国在不同发展阶段的基本国情，引领我国实现了从站起来、富起来到强起来的历史性飞跃。伟大的南水北调工程正是在这一道路上孕育而生的，它不仅是中国特色社会主义实践的杰出成果，而且满足了人民对优质水资源的需求，推动了缺水地区经济社会的繁荣发展。同时，该工程还注重后期的水质保护和生态修复，将绿水青山转化为金山银山，促进了人与自然的和谐共生。南水北调工程，作为一项规模宏大的跨流域水利工程，其施工难度巨大、覆盖范围广泛、影响人口众多，只有在坚持中国特色社会主义道路的前提下，才能得以顺利推进。作为民生工程和绿色工程的典范，南水北调工程所带来的巨大经济、社会和生态效益，充分证明了我国道路的科学性和有效性。工程的每一个环节都充分考虑到了人民群众的利益和需求，确保了调水工程的公平性和可持续性。通过讲述南水北调工程如何改善北方地区居民的生活质量、促进农业生产和工业发展，大学生可以更加明确地认识到党的群众路线和为民服务的宗旨。这些故事将使他们深刻理解到，中国共产党始终把人民群众的利益放在首位，努力为人民谋福祉的决心。

在南水北调工程设计、建设的过程所塑造的南水北调故事，体现了人民至上的政治立场，践行了中国特色社会主义道路的根本宗旨和目标。南水北调故事中所蕴含的爱国精神、创新精神和协作精神，进一步彰显了中国特色社会主义道路的优势和活力。在新时代讲好南水北调故事，将为坚定走中国特色社会主义道路注入不竭的信心和决心。南水北调工程的成功实施，不仅展示了我国在大型基础设施建设方面的强大能力，也体现了中国特色社会主义制度集中力量办大事的显著优势。在这一工程的建设过程中，充分调动了全国各方面的资源和力量，展现了人民群众的智慧和创造力。

南水北调工程不仅是一项伟大的水利工程，更是中国特色社会主义道路的生动体现。它不仅解决了我国水资源分布不均的问题，还促进了区域经济的均衡发展，提升了人民群众的生活质量。南水北调工程的成功，彰显了中国共产党领导下的社会主义制度的巨大优越性，证明了只有坚持中国特色社会主义道路，才能实现国家的长治久安和人民的幸福安康。工程的顺利推进，离不开科学的规划和严格的管理，也离不开广大建设者的辛勤劳动和无私奉献。他们用实际行动为中国特色社会主义道路增添了新的光彩。

最后，讲好南水北调故事还可以激发大学生的爱国热情和奋斗精神。南水北调工程不仅是一项伟大的水利工程，更是中华民族自强不息、勇于创新的象征。通过深入了解这一工程背后的故事，大学生可以更加坚定地树立起为国家富强、民族复兴而努力学习和工作的信念。这些故事将激励他们为实现中华民族伟大复兴的中国梦贡献自己的青春力量。

总之，讲好南水北调故事，不仅有助于大学生科学把握世情、国情、党情，更能够激发他们的爱国情怀、历史使命感和社会责任感。通过这些生动的故事，大学生将更加深刻地理解中国共产党的领导核心作用，为实现中华民族伟大复兴的中国梦贡献自己的青春力量。

三、讲好南水北调故事有利于大学生学习领会习近平新时代中国特色社会主义思想的精髓要义

讲好南水北调故事，对于大学生们学习领会习近平新时代中国特色社会主义思想的精髓要义具有极其重要的意义。这不仅有助于他们更全面地把握国家的发展战略，还能让他们对宏伟蓝图有更为清晰的认识。南水北调工程，作为人类历史上规模最为宏大的跨流域调水工程之一，它不仅仅是一项令人瞩目的水利工程，更是中国特色社会主义制度优势的生动展示。通过对南水北调工程的规划、建设、运行以及管理等方面的深入了解，大学生们能够直观地感受

到在中国共产党的领导下，国家治理能力的强大以及科技创新的显著成就。

首先，南水北调工程的实施充分彰显了以人民为中心的发展理念。工程的初衷是为了缓解我国北方地区水资源短缺的严峻形势，确保广大人民群众的饮水安全以及工农业的用水需求。通过这一工程的实施，北方多个省市的水资源状况得到了显著的改善，为当地经济社会的可持续发展提供了有力支撑。大学生们通过学习南水北调故事，能够深刻地认识到国家始终将人民的利益放在首位，努力解决人民群众最关心、最直接、最现实的利益问题。

其次，南水北调工程的成功建设，展现了中国在大型基础设施建设方面的卓越实力。从工程的规划设计到施工建设，再到后期的运营管理，每一个环节都凝聚了无数科研人员、工程技术人员以及建设者的智慧和辛勤劳动。大学生们通过学习南水北调故事，能够深刻地领会到中国特色社会主义制度集中力量办大事的优势，以及科技创新在推动国家发展中的关键作用。

再次，南水北调工程的实施还体现了生态文明建设的理念。在工程建设的过程中，始终坚持生态优先、绿色发展的原则，采取了一系列生态保护和修复措施，确保了工程对生态环境的影响降到最低。大学生们通过学习南水北调故事，能够深刻地理解到生态文明建设的重要性，以及在推动经济社会发展的同时，如何更好地保护和改善生态环境。

最后，讲好南水北调故事还有助于大学生们树立正确的世界观、人生观和价值观。通过了解南水北调工程背后的历史背景、文化内涵以及精神价值，大学生们能够更加坚定自己的理想信念，增强民族自豪感和文化自信，为实现中华民族伟大复兴的中国梦贡献自己的智慧和力量。

综上所述，讲好南水北调故事对于大学生们深刻学习领会习近平新时代中国特色社会主义思想的精髓要义具有不可替代的重要作用。通过学习南水北调工程的宏伟蓝图和辉煌成就，大学生们能够更好地理解国家的发展战略，树立正确的世界观、人生观和价值观，为国家的繁荣富强和社会的进步贡献自己的力量。

四、讲好南水北调故事有助于培养大学生的创新精神和实践能力

南水北调工程是一项规模宏大且意义深远的跨流域调水工程，它不仅展示了我国在水利建设领域所掌握的高超技术，还深深蕴含着丰富的创新精神和智慧。通过深入了解和讲述南水北调背后的故事，大学生们可以充分认识到在这一伟大工程中所运用的创新技术和方法，从而激发他们的创新意识和探索精神。

在学习南水北调故事的过程中，大学生们可以深入了解工程设计、施工、管理等方面的创新实践。例如，南水北调工程在水资源优化配置、生态保护、防洪减灾等方面进行了大量创新研究，这些研究不仅解决了实际问题，还推动了相关学科的发展。通过这些生动的事例，大学生们可以将理论知识与实际问题相结合，培养解决复杂问题的能力。此外，南水北调工程还涉及多学科交叉融合，如水利工程、环境科学、生态学、社会学、考古学等。大学生们在学习这些故事的过程中，可以拓宽知识面，增强跨学科的思维能力。通过了解不同学科在工程中的应用，他们可以学会如何将不同领域的知识综合运用到实际问题的解决中，从而提高自身的综合素质。

南水北调工程不仅是一项伟大的工程壮举，更是一次知识与智慧的融合，它为大学生们提供了一个学习和实践的广阔平台，使他

们能够在探索和创新中不断成长和进步。这一工程的实施，不仅在技术层面上展现了我国在水利建设方面的卓越成就，更在精神层面上传递了勇于创新、敢于挑战的时代精神。大学生们通过学习南水北调故事，可以深刻理解到创新不仅仅是一种技术手段，更是一种推动社会进步的重要力量。在这一过程中，大学生们还可以了解到南水北调工程在解决水资源分布不均、缓解北方水资源短缺等方面所发挥的巨大作用。工程的实施不仅改善了北方地区的水资源状况，还促进了当地经济社会的可持续发展。这些成果的背后，是无数科研人员、工程师和建设者们的辛勤付出和智慧结晶。通过学习他们的故事，大学生们可以感受到团队合作的力量，认识到集体智慧在解决复杂问题时的重要性。

通过深入了解和学习南水北调故事，大学生们可以充分认识到创新技术和方法在实际工程中的应用，从而激发他们的创新意识和探索精神，培养解决复杂问题的能力，拓宽知识面，增强跨学科的思维能力，最终提高自身的综合素质。

第二节　讲好南水北调故事是继承和弘扬中华文化的需要

讲好南水北调故事是继承和弘扬中华文化的需要。南水北调工程不仅是一项宏伟的水利工程，更是中华民族智慧与团结的象征。它跨越了地域的界限，将南方的水资源输送到北方，缓解了北方地区的水资源短缺问题。讲好南水北调故事，不仅是对这一伟大工程的记录和传播，更是对中华优秀传统文化的传承和发扬。

一、南水北调故事深深植根于中华优秀传统文化之中

精神的形成往往受到特定历史和文化环境的熏陶，并在理论与实践的相互作用中逐渐孕育而生。中华优秀传统文化，作为南水北调故事诞生的摇篮，为其提供了根本性的动力源泉。南水北调故事内容丰富，涵盖了工程设计的故事、工程建设的故事、移民的故事、生态效益的故事等。这些故事与中华优秀传统文化之间存在着深刻的内在联系：一方面，它们深深植根于中华优秀传统文化之中，展现了这些文化的精髓；另一方面，中华优秀传统文化的融入增强了南水北调故事在民众中的认同感，为故事的合理性提供了坚实的文化心理基础。这些故事与中华优秀传统文化之间的深刻内在联系，不仅体现在它们深深植根于中华优秀传统文化之中，还体现在中华优秀传统文化的融入增强了南水北调故事在民众中的认同感。中华优秀传统文化的融入使得这些故事更加贴近民众的生活，更加容易被民众理解和接受。民众在听到这些故事时，会自然而然地产生共鸣，因为他们从中看到了自己民族文化的影子，感受到了自己民族精神的力量，使得南水北调故事不仅仅是工程建设的记录，更是中华优秀传统文化在现代社会中的生动体现。

中华文明，作为世界上历史最悠久的文明之一，拥有着长达五千年的辉煌历程。在这漫长的历史长河中，孕育出了丰富多彩且灿烂辉煌的中华优秀传统文化。这些文化不仅在形式上多样，更在精神层面上展现了共同的核心特质。文化的精髓在于其价值观，而探究中华优秀传统文化的精神特质，实际上就是要对那些最能代表中华文明的核心价值观进行深入的梳理、全面的总结和精准的提炼。这一过程不仅是对文化自觉的一种体现，更是对文化传承与发展的

深刻反思。由于学者们在研究过程中往往基于不同的立场、观点和方法，他们对中华文明核心价值观的分析和解读常常会产生不同的结论。这种现象既展现了中华文明的深邃与博大，也说明了提炼核心价值的复杂性和挑战性。不同的学者可能会从不同的角度切入，有的可能侧重于历史文献的研究，有的可能注重社会实际的观察，还有的可能借助现代科技手段进行分析。这些多元化的研究方法和视角，使得对中华文明核心价值观的理解更加全面和立体。通过将中华文明与西方文明进行对比分析，我们可以更清晰地理解中华文明核心价值的独特性和重要性。这种对比不仅有助于揭示两种文明在价值观上的差异，还能帮助我们更好地认识到中华文明的独特魅力和深厚底蕴。只有在文明比较的宏观视野下审视自我，我们才能更深刻地解答“我为何是我，而非他人”的文化身份认同问题，从而真正实现文化自觉和文化自信。

文化自觉是指一个民族或国家对其自身文化的价值、历史传承以及未来发展方向具有清晰的认识和坚定的信念。这种自觉性体现在对本民族文化的深刻理解和认同，以及对文化在社会发展中的重要作用的充分认识。文化自信则是建立在文化自觉的基础之上，它是一种对自身文化价值的充分肯定和自豪感，是对本民族文化的坚定信念和自信心。在全球化的今天，文化自觉和文化自信显得尤为重要。它们不仅有助于我们在多元文化的交流与碰撞中保持自我，还能激发我们对中华优秀传统文化的传承与创新，推动文化在现代社会中的发展与繁荣。通过对中华优秀传统文化精神特质的深入探究，我们能够更好地理解其核心价值观，并在此基础上，构建起符合现代社会需求的文化体系。中华优秀传统文化蕴含着丰富的智慧和独特的价值观，这些价值观在历史的长河中不断被传承和发扬光大。与西方近代价值观相比，中华文明凸显了“责任先于自由”

“义务先于权利”“群体高于个人”等特征。这些价值观念如同人体的基因，历经千年仍深植于中华儿女的心中，并在日常生活中以及面对重大事件时得到持续的传承和体现。同时，中华优秀传统文化强调集体主义和社会和谐，注重家庭和社会责任，强调个人在社会中的角色和义务。这种价值观在现代社会中仍然具有重要的意义，它提醒我们在追求个人发展的同时，也要关注社会的整体利益和和谐。通过对中华优秀传统文化的传承与创新，我们可以在现代社会中找到适合自己的发展道路，既保留了文化的精髓，又适应了时代的变化。

南水北调故事生动地展示了中华优秀传统文化蕴含的价值观念。在这个宏伟的工程中，“大国统筹、人民至上”的理念得到了充分的体现，这不仅是对中华文明中“群体高于个人”观念的继承，更是对其的发扬光大。南水北调工程是在党和政府的统筹规划和精心组织下实施的，其核心目标是满足最广大人民群众对饮水和用水的需求，确保水资源的合理分配和利用。这一工程的实施，不仅体现了使命型政党全心全意为人民服务的根本宗旨，也深刻反映了中华文明中“群体高于个人”的价值理念。如果没有党的集中统一领导，目标若仅限于少数人的利益，这项宏伟工程将难以激发人民群众的广泛参与热情，同时也会因缺乏坚强的领导而面临失败的风险。另外，“创新求精、奉献担当”的精神也是对中华文明中“责任先于自由”“义务先于权利”观念的继承与发扬。在南水北调工程建设的过程中，所体现的移民精神和移民干部精神，展现了广大移民群众和干部将责任和义务置于首位、舍小家顾大家、勇于奉献、敢于担当的高尚精神风貌。南水北调的建设者们勇于承担起建设的责任，将创新求精视为自己的义务和使命，在攻坚克难中追求卓越，体现了中华文明中“责任先于自由”“义务先于权利”的价值理念。他们不畏艰难险阻，勇于创新，追求卓越，为国家和人民的利益奉献自己的智慧和力量，展现了中华文明深厚的文化底蕴和价值追求。

南水北调故事，深深植根于中华优秀传统文化的沃土之中。这一传统不仅资源丰富，而且为南水北调故事的孕育提供了源源不断的养分。中华文明所蕴含的爱国主义、梦想追求、不懈奋斗、团结协作、创新开拓以及精益求精的工匠精神，构成了南水北调故事的精神根基。这些精神财富，如同一条条奔腾不息的河流，汇聚成南水北调工程的壮丽史诗。同时，中原文化中的责任担当、务实作风和深厚的家国情怀，也在故事的塑造中起到了潜移默化的影响。这些文化特质，如同一座座巍峨的山脉，支撑起南水北调工程的宏伟蓝图。如南阳，这片被誉为“楚风汉韵”的古楚之地，在其悠久的历史进程中孕育了重视官德、自强不息、忧国忧民等楚地文化特质，这些都对南水北调故事的形成产生了深刻的影响。南阳的历史，如同一部厚重的史书，记录着一代代楚人的智慧与汗水。在这里，楚文化的精髓得以传承和发扬，成为南水北调工程中不可或缺的精神财富。楚人重视官德的传统，使得南水北调工程在规划和实施过程中，始终秉持着公正、廉洁、为民的原则。自强不息的精神，激励着工程人员面对各种困难和挑战，始终不屈不挠，勇往直前；忧国忧民的情怀，则让南水北调工程不仅仅是一项水利工程，更是一项关乎国家和民族未来的伟大事业。

正是这些深厚的文化底蕴和精神财富，使南水北调工程不仅仅是一项宏伟的工程，更是一段充满传奇色彩的历史篇章。它不仅解决了北方地区水资源短缺的问题，更为中华民族的伟大复兴注入了新的活力和动力。南水北调工程的成功，不仅是工程技术的胜利，更是中华优秀传统文化的传承。中华优秀传统文化在南水北调故事的广泛认同中扮演了至关重要的角色，为这一伟大工程提供了坚实的文化心理基础。一种精神文化之所以能够产生并广泛传播，其核心原因在于它获得了广大民众普遍的文化心理认同。文化认同不仅仅是一种表面的接受，而是反映了人们对特定文化价值观念的深刻共识和心理接纳，体现了人们对某种文化的深度接受程度。为了使人们更深入地接受和认同一种精神文化，最有效的方法是唤醒他们的文化记忆，寻找接受者个人经历与这种精神文化之间的共鸣点，从而在心理上形成对这种精神文化的肯定和支持。因此，实现文化认同的关键在于找到连接文化认同主体与客体的“桥梁”——南水北调故事，通过这座桥梁的中介作用，促进文化认同的形成，使人们在内心深处真正理解和接纳这种精神文化。

为了更好地讲述南水北调这一宏伟工程背后的故事，并进一步增强公众对这一伟大项目的文化认同感，我们必须深入挖掘中华优秀传统精神文化的深厚底蕴，寻找南水北调故事的合法性和坚实的发展根基。中华优秀传统文化不仅为南水北调故事赢得了民众的广泛心理认同，而且成为实现故事民众认同的关键中介和桥梁。一方面，南水北调故事承载着中华优秀传统文化的精髓，这为故事的民众认同奠定了坚实的基础；另一方面，在传播南水北调故事的过程中，唤醒了广大民众内心深处对中华优秀传统文化的情感，这不仅为故事的民众认同提供了必要的条件，而且有助于推动南水北调故事在公众中的广泛传播，从而让更多的人了解和感受到这一伟大工程背后的文化价值和意义。

因此，通过追溯中华优秀传统文化，我们可以发现南水北调故事的合法性不仅仅在于其工程技术的伟大，更在于其与中华民族长期以来对水资源管理和利用的智慧相契合。南水北调工程不仅仅是一项现代水利工程，它还承载着中华民族对自然的敬畏、对和谐共生的追求以及对国家和民族未来的深思熟虑。这种深层次的文化认同感，使得南水北调故事不仅仅是一个简单的工程项目介绍，而是一个充满文化内涵和历史传承的叙事。在传播南水北调故事的过程中，我们应当注重挖掘和展现这些文化元素，让公众在了解工程技术和经济效益的同时，也能感受到其中蕴含的深厚文化底蕴。通过各种形式的传播手段，如教育、媒体、文化活动等，我们可以将南水北调故事与中华优秀传统精神文化相结合，让更多的人在情感上产生共鸣，从而增强他们对这一伟大工程的文化认同感。这样，南水北调故事不仅能够成为一段历史的记忆，更能够成为连接过去与未来，传承中华优秀传统文化的重要纽带。

二、讲好南水北调故事有利于大学生继承中华优秀传统文化

南水北调工程，作为中国的一项宏伟战略性基础设施项目，其主要目标是解决我国水资源分布不均的难题，将南方的丰富水资源调配至北方干旱地区。这一壮举不仅彰显了现代工程技术的辉煌成就，还展现了中国人民团结协作、勇克难关的精神风貌。这种精神与中华优秀传统文化中的诸多价值理念相得益彰，共同构成了中华民族的精神支柱。通过南水北调故事，有助于大学生更深刻地理解和传承中华优秀传统文化。

南水北调工程不仅仅是一项宏伟的水利工程，它更是一个关于团结、协作和集体主义精神的生动故事。这个故事对于新时代大学生传承和弘扬集体主义精神具有深远的意义。它向我们展示了中国人民在面对重大挑战时所表现出的团结一致和协作精神，共同致力于克服各种困难，展现了中华民族的团结和凝聚力。集体主义价值观在中华优秀传统文化中占据着核心地位，它强调个人利益应当服从于集体利益，这种价值观在南水北调工程中得到了充分的体现和

实践。

讲好南水北调故事，还有助于推广和谐共生的理念。在南水北调工程的规划与实施过程中，生态保护被置于至关重要的位置，力求实现人与自然的和谐共存。这一理念与中国古代哲学中的“天人合一”思想紧密相连，它强调人类应当顺应自然规律，与自然和谐相处，体现了中华民族对自然的尊重和爱护。南水北调工程在设计和建设过程中，充分考虑了环境保护和生态平衡，力求在满足人类需求的同时，最大限度地减少对自然环境的影响。

讲好南水北调故事，对于传承历史和文化具有极其重要的意义。在这一宏伟工程的建设过程中，保护历史文化遗产成了一项至关重要的任务。这不仅为大学生们提供了深入了解中国悠久历史和丰富文化的机会，同时也凸显了文化遗产保护的重要性。通过参与这样的工程，大学生们能够更加深刻地领会历史和文化的价值，进而更有效地传承和弘扬这些珍贵的文化遗产。并且所有参与南水北调工程的人员在保护历史文化遗产方面都表现出了强烈的社会责任感，为传承中华优秀传统文化作出了贡献。这对于培养大学生的社会责任感具有积极的推动作用。通过了解大型工程，大学生们可以更深刻地理解个人与社会的关系，认识到南水北调工程不仅仅是一项伟大的水利工程，它还承载着丰富的历史和文化内涵。在这一工程的实施过程中，我们不仅要面对技术上的挑战，还要面对如何保护那些历史悠久的文化遗产的挑战。这些文化遗产不仅见证了中华民族的发展历程，更是我们民族精神的象征。因此，在南水北调工程的建设中，保护这些文化遗产成了我们不可推卸的责任。这不仅是为了保存历史的记忆，更是为了传承和弘扬中华民族的优秀文化。

讲好南水北调故事，对于传播和弘扬创新发展的智慧具有重要意义。南水北调工程不仅仅是一项规模宏大的基础设施项目，更是一项集现代科技与传统智慧于一体的创新性工程。它充分展示了中华民族在水利建设方面的深厚智慧和卓越创造力。通过深入了解和聆听这一伟大工程背后的故事，新时代的大学生们能够深刻领悟到中华优秀传统文化中追求创新、勇于探索的精神内涵。这种精神不仅贯穿于中华民族的历史长河，更是激励着一代又一代人不断前进，推动社会更加发展和繁荣。

总之，南水北调工程不仅仅是一项伟大的水利工程，更是一个关于团结、和谐与创新的故事。它不仅为中国人民带来了实实在在的福祉，也为世界水利工程的发展贡献了中国智慧和中国方案。通过讲好南水北调故事，我们可以更好地传承和弘扬集体主义精神，推广和谐共生的理念，传播创新发展的智慧，不仅可以增进大学生对当代中国社会发展的了解，还能加深他们对中华优秀传统文化的理解与认同。这种教育方式有助于培养文化自信，并激励年轻一代继续传承和发展这些宝贵的文化遗产。通过学习南水北调工程背后的故事，大学生们可以更好地理解中华民族的精神内核，从而在未来的学习和工作中，将这些中华优秀传统文化发扬光大。

三、讲好南水北调故事有助于大学生弘扬革命文化

南水北调工程，作为一项宏伟的水利工程，背后蕴含着无数动人的故事和深刻的历史意义。对于当代大学生而言，深入了解和传承这些故事，对于弘扬革命文化具有不可估量的重要价值。通过深入探究这一伟大工程的历史背景和精神内涵，不仅可以激发大学生们内心深处的爱国情怀，而且还能帮助他们深刻理解中华民族团结奋斗、自强不息的民族精神。通过生动地讲述南水北调

故事，大学生们可以从中学到宝贵的经验和力量，坚定自己的理想信念，为实现中华民族伟大复兴的中国梦贡献出自己的青春力量。

南水北调工程的建设历程是一段充满坚定信仰、践行使命的光辉历程。在这个伟大的历史时期，面对各自复杂的环境，无数仁人志士毫不畏惧、英勇奋战，为了国家的繁荣、民族的振兴和人民的幸福，他们不惜赴汤蹈火、奋不顾身。正是因为他们是马克思主义的坚定信仰者，对中国共产党的伟大事业怀有无比忠诚和坚定的信念。例如，在南水北调中线水源地的南阳，这片红色的土地在新民主主义革命时期，曾经是重要的红色战场。在这里，鄂豫陕根据地、豫西抗日民主根据地、豫西解放区先后建立，西峡口战役、中原突围、宛东战役等重大战役在此打响，见证了中国共产党领导人民争取民族独立与解放的崇高革命信仰，也为南水北调精神的形成提供了丰富的历史营养和精神支撑。心中有信仰，行动有力量。在南水北调工程的工程建设、移民工作中，涌现出了一大批信仰坚定、对党忠诚的党员干部。面对种种复杂局面和重重困难，他们把责任放在心上、扛在肩上，努力拼搏。有的同志甚至累倒在了工作一线，有的同志因劳累过度而病亡。没有牢不可破的革命信仰，没有对党忠诚的有力支撑，要完成南水北调工程建设和移民搬迁的重任是不可想象的。正是这种坚定的信仰和对党的忠诚，使得南水北调工程得以顺利推进，为我国的水资源调配和区域发展作出了巨大贡献。这些党员干部们用实际行动诠释了什么是真正的信仰和忠诚，他们用自己的生命和热血书写了一部壮丽的史诗，为后人树立了光辉的榜样。他们的精神将永远激励着新时代大学生在未来的道路上继续前行，为新时代大学生的使命担当注入不竭的动力。在新时代的征程上，大学生要继承和发扬这种坚定的革命信仰和对党的忠诚，将个人理想融入国家和民族的伟大事业中，要在学习中汲取知识的力量，在实践中锤炼意志品质，在服务人民中实现自我价值。同时，面对新时代的机遇和挑战，大学生要以南水北调工程的建设者们为榜样，不畏艰难，勇于创新，用科学知识和专业技能为国家的发展贡献力量。同时，还要传承和弘扬革命先辈们的精神，将红色基因融入血脉，让信仰之火代代相传，在新时代的征程中，继续发扬不怕牺牲、敢于担当的精神，以实际行动践行对党的忠诚，为推动社会主义现代化建设贡献青春力量。

南水北调工程的建设历程，充满了艰辛与挑战。从最初的设计规划到最终的竣工通水，每一步都凝聚着无数建设者的心血和智慧。通过学习这些故事，大学生们可以深刻体会到艰苦奋斗、无私奉献的南水北调精神。这种精神是中国共产党人不变的政治本色。中国共产党历经百年奋斗，靠艰苦奋斗起家，也靠艰苦奋斗发展壮大。1949 年3 月，毛泽东同志在党的七届二中全会上告诫全党：“夺取全国胜利，这只是万里长征走完了第一步。中国革命是伟大的，但革命以后的路程更长，工作更伟大，更艰苦。这一点现在就必须向党内讲明白，务必使同志们保持谦虚、谨慎、不骄、不躁的作风，务必使同志们继续保持艰苦奋斗的作风。”① 实践在发展，时代在前进，但党的艰苦奋斗优良传统从未丢弃。在南水北调工程建设中，这一优良传统被广大移民干部以自己的生动实践融入南水北调精神之中，赋予了新的时代内涵，并在南水北调工程建设中得到了有力弘扬和充分彰显。建设这一浩大工程，需要筑大坝、开隧洞，穿越无数的大山、河流，跨越许多公路、铁路，架设大量渡槽，工程量非常大，有些地段施工条件十分恶劣。然而，广大工程建设者们发

---

① 《毛泽东选集》（第4 卷），人民出版社 1991 年版，第 1438 ~ 1439 页。

扬中华民族吃苦耐劳、一往无前的精神，顽强拼搏、战天斗地、勇往直前，终于建成了这一世所罕见的宏大工程。这种精神不仅在南水北调工程中得到了体现，在中国革命历史中同样闪耀着光辉。通过将两者联系起来，大学生们可以更好地理解革命文化的内涵，从而在心中树立起对革命先辈的敬仰之情。

南水北调工程的顺利实施，还是一次群众路线的生动实践。在这一宏伟工程的推进过程中，政府始终把人民群众的利益放在首位，充分听取民意，广泛征求群众意见，确保工程的每一步都贴近民心、符合民意。从工程规划到具体实施，每一个环节都力求公开透明，让群众了解工程进展，参与决策过程，从而赢得了广泛的群众支持。在征地拆迁过程中，政府工作人员深入基层，耐心细致地做群众工作，确保补偿安置方案公平合理，切实保障了被征地农民的合法权益。同时，通过开展多种多样的宣传活动，普及南水北调工程的重要意义，增强群众的认同感和归属感，使他们成为工程建设的积极参与者和支持者。

在工程建设过程中，政府还注重保护生态环境，确保工程的可持续发展。通过科学规划和合理设计，最大限度地减少对自然环境的影响，同时采取有效措施，恢复和改善沿线地区的生态环境，让人民群众在享受水资源调配带来便利的同时，也能享受到更加优美的自然环境。

南水北调工程的成功实施，不仅为北方地区提供了宝贵的水资源，缓解了水资源短缺的困境，更为践行群众路线树立了典范。通过这一工程，政府与群众之间的联系更加紧密，政府的公信力和执行力得到了显著提升，人民群众的满意度和幸福感也得到了有效增强。南水北调工程的顺利实施，充分展示了中国特色社会主义制度的优越性，彰显了人民群众在国家建设中的主体地位。大学生们通过了解这些故事，可以深刻认识到团结协作的重要性，体会到集体主义精神的力量。这种精神是革命文化的重要组成部分，也是当代大学生应当继承和发扬的宝贵财富。

总之，在南水北调这一宏伟工程的建设过程中，涌现出了无数令人感动的英雄人物和感人至深的先进事迹。这些故事不仅展示了建设者们的智慧和勇气，更传递了他们对国家和人民的深厚情感和无私奉献。在新时代的背景下，讲述南水北调故事，不仅有助于大学生们继承和发扬革命文化，还能进一步激发他们的爱国情怀，培养他们的集体主义精神和社会责任感。通过这些故事的广泛传播和深入学习，能够帮助他们更深刻地理解中华民族的卓越传统和革命精神，激励他们在未来的道路上，无论遇到什么样的困难和挑战，都能够坚持不懈，勇往直前，为国家的繁荣昌盛和民族的伟大复兴贡献出自己的一份力量。

四、讲好南水北调故事有助于大学生弘扬社会主义先进文化

讲好南水北调故事，对于新时代的大学生来说，具有极其深远的意义。这不仅有助于他们传承社会主义先进文化，而且还能显著提升他们的文化自信和社会责任感。南水北调工程作为中国的一项宏伟的战略性基础设施项目，其核心目标是缓解中国北方地区面临的水资源匮乏的严峻挑战。这一工程的顺利实施，充分展示了在中国共产党的领导下，国家治理体系和治理能力的强大优势，同时也彰显了中国特色社会主义制度集中力量办大事的显著能力。

通过深入研究南水北调故事，大学生们可以全面了解这一伟大工程是如何攻克一系列复杂的技术难题，如何确保工程质量达到国

际领先水平，以及如何在施工过程中高度重视生态保护和环境可持续性。这些生动的故事不仅能够教育大学生们，让他们深刻理解社会主义制度的优越性，而且还能让他们感受到党和政府在解决民生问题上的坚定决心和强大能力，从而进一步增强他们的文化自信和社会责任感。除此之外，南水北调工程还涵盖了众多科技创新和技术进步的元素。这些元素对于激发大学生们投身科学探索和技术革新的热情具有积极的推动作用。通过学习南水北调工程背后的技术细节和创新实践，大学生们可以更加深刻地理解科学技术在社会发展中的重要性，从而激发他们对科技的兴趣，培养他们的创新意识和实践能力。

因此，讲好南水北调故事，不仅仅是对这一伟大工程的纪念和致敬，更是对社会主义先进文化的一种传播和弘扬。这不仅有助于大学生们树立正确的世界观、人生观和价值观，而且还能鼓励他们积极投身于社会主义现代化建设的伟大事业中，为实现中华民族的伟大复兴贡献自己的智慧和力量。通过这些故事，大学生们可以深刻认识到，正是在中国共产党的坚强领导下，我们才能克服各种困难，实现国家的长远发展和人民的幸福生活。这将激励他们在未来的学习和工作中，不断追求卓越，为国家的繁荣富强和社会的进步贡献自己的青春力量。同时，这些故事也能够帮助大学生们更好地理解国家的发展战略，认识到自己作为新时代青年的责任和使命，从而更加积极地参与到国家建设和社会发展中去。通过深入了解南水北调工程的背景、过程和成果，大学生们可以更加全面地认识到中国特色社会主义制度的优越性和中国共产党领导下的国家治理能力，进一步坚定他们对国家未来发展的信心和决心。

第三节　讲好南水北调故事是赓续中国共产党人精神血脉的需要

中国共产党的精神谱系，是党在各个历史发展阶段所孕育的精神财富的总和，构成了中国共产党人精神动力的源泉。这些在不同历史时期形成的伟大精神，宛如一串串耀眼的标志，串联起我党那璀璨夺目的精神谱系，并不断为其注入时代的新内涵。在党的百年奋斗历程中，无数中国共产党人以实际行动诠释了这些伟大精神的内涵。他们以“开天辟地、救国救民”的红船精神为起点，将革命的火种播撒在神州大地，为新中国的诞生奠定了坚实的基础。如井冈山精神激励着中国共产党人在艰苦卓绝的环境中坚守理想信念，用鲜血和生命捍卫革命的成果。长征精神更是展现了中国共产党人不畏艰难、勇往直前的英雄气概，成为中华民族精神宝库中的瑰宝。延安精神则在抗日战争和解放战争中发挥了重要作用，成为党在思想和行动上的指南针。而南水北调工程背后所蕴含的精神内涵，不仅仅是一项宏伟的水利工程，更是中国共产党在引领人民进行治水实践中锻造出的宝贵精神财富。这一精神内涵深刻地展现了中国共产党坚定的理想信念和对人民群众深厚的情感关怀。它不仅是中国共产党精神谱系中的重要组成部分，而且对于丰富和发展党的精神谱系、传承和弘扬红色基因、巩固和延续红色文化、延续和强化党的精神血脉，都具有深远的历史意义和价值。

南水北调工程的实施，有效地解决了北方地区长期面临的水资源短缺问题，极大地改善了当地人民的生活条件和生态环境。这一伟大工程的完成，不仅是党的领导下人民群众团结一心、艰苦奋斗、科学创新的生动体现，更是党在新时代继续前进的强大动力源泉。南水北调工程的成功，不仅彰显了中国共产党的执政能力和领导智慧，也展现了人民群众的智慧和力量。这一伟大工程背后的故事，不仅丰富了中国共产党精神谱系的时代内容，更为中国迈进百年复兴的伟大历史进程增添了新的光彩。它激励着一代又一代的中国人，继续发扬党的光荣传统和优良作风，为实现中华民族伟大复兴的中国梦而不懈奋斗。南水北调故事中蕴含的精神内涵，将成为激励我们不断前行的强大精神力量，引领我们在新时代的征程中创造更加辉煌的成就。

一、南水北调故事继承了中国共产党人的优良传统

南水北调工程是中国共产党领导下的一项宏伟工程，它不仅是一项伟大的水利工程，更是中国共产党人继承和发扬优良传统的生动体现。自古以来，解决北方水资源短缺的问题就是中华民族的梦想。在中国共产党的领导下，通过科学规划和艰苦奋斗，南水北调工程成功将南方丰富的水资源调配到北方，有效缓解了北方地区的水资源短缺状况，促进了我国区域经济社会的协调发展。这一工程的实施，充分展现了中国共产党人以人民为中心的发展思想，以及在面对重大挑战时的坚定决心和卓越领导力。

在南水北调工程的宏伟蓝图中，中国共产党人的领导作用犹如灯塔，照亮了工程的每一个阶段。从工程的策划到实施，中国共产党人始终坚持以人民为中心的发展思想，确保了工程的顺利进行和高效完成。例如，在工程的规划阶段，中国共产党人运用集体智慧，通过民主集中制原则，汇聚了各方面的意见和建议，形成了科学合理的决策。据统计，南水北调中线工程涉及的移民搬迁人数超过 34

万，中国共产党人通过细致的工作和政策引导，确保了移民安置工作的平稳进行，体现了中国共产党人的责任担当和为民情怀。

在南水北调工程的建设过程中，中国共产党人更展现了卓越的组织协调能力。他们不仅在技术层面推动了工程的创新，还在管理层面优化了资源配置，确保了工程的高效推进。以东线工程为例，中国共产党人领导下的工程团队克服了重重困难，如在长江与黄河之间建设了长达 1467 公里的输水线路，这不仅是一项技术上的壮举，更是中国共产党人战略规划与决策能力的体现。正如毛泽东同志所言：“政治路线确定之后，干部就是决定的因素。”① 中国共产党人在南水北调工程中的领导作用，正是这一论断的生动实践。

同样，南水北调工程作为一项宏伟的跨流域调水工程，其成功实施离不开中国共产党人艰苦奋斗与无私奉献的精神。在工程的规划与建设过程中，无数中国共产党人面对恶劣的自然环境和艰巨的施工条件，他们不畏艰难，勇挑重担。例如，在中线工程的建设中，施工队伍在极端天气条件如酷暑和严寒中，坚持作业，确保了工程的顺利推进。据统计，工程高峰期有超过 30 万工人参与建设，他们中许多人放弃了节假日休息，甚至在春节等传统节日依然坚守在工作岗位上，这体现了中国共产党人“舍小家、为大家”的奉献精神。他们以“为人民服务”的宗旨为指导，将个人利益置于国家和人民利益之后。在工程的决策和执行过程中，中国共产党人通过集体智慧和民主集中制原则，确保了每一项决策都符合最广大人民的根本利益。正如毛泽东同志所言：“我们中国共产党人区别于其他任何政党的又一个显著的标志，就是和最广大的人民群众取得最密切的联

① 《毛泽东选集》（第 2 卷），人民出版社 1991 年版，第 526 页。

系。”[①] 南水北调工程的顺利实施，正是中国共产党人密切联系群众、依靠群众、服务群众的生动体现。

二、南水北调故事展现了中国共产党人的先锋模范作用

中国共产党人在南水北调工程中的先锋模范作用体现在他们对党风廉政建设的坚持和对艰苦奋斗精神的传承。在工程实施过程中，中国共产党人严格执行党风廉政建设的各项规定，确保了工程的廉洁高效。同时，他们以身作则，带领广大建设者克服了自然条件恶劣、技术难题众多等重重挑战。这种无私奉献的精神，不仅为南水北调工程的成功奠定了坚实基础，也为全社会树立了榜样。他们将党的理念和宗旨融入工程建设的每一个环节中。例如，在东线工程中，中国共产党人领导团队面对复杂的地质条件和艰巨的施工任务，通过科学决策和精心组织，确保了工程的顺利进行。他们不仅在技术上攻坚克难，更在精神上激励着每一位建设者。正如毛泽东所言：“政治工作是一切经济工作的生命线。”[②] 中国共产党人在南水北调工程中，通过政治工作的引领，确保了工程的高效推进和质量保证。

中国共产党人在南水北调工程中的先锋模范作用还体现在他们对社会责任和历史使命的深刻理解上。他们深知这一工程对于缓解北方水资源短缺、促进区域经济社会发展的重要性。因此，在工程实施过程中，中国共产党人不仅关注工程进度和质量，还积极倡导和实践绿色施工、节能减排，力求在保障水资源合理调配的同时，

---

① 《毛泽东选集》（第3卷），人民出版社1991年版，第1094页。

② 《毛泽东文集》（第6卷），人民出版社1999年版，第449页。

最大限度地减少对环境的影响。他们以实际行动诠释了“绿水青山就是金山银山”的发展理念，为后续工程的可持续发展奠定了坚实基础。

此外，中国共产党人在南水北调工程中的先锋模范作用还体现在他们对群众路线的贯彻执行上。在工程建设中，他们深入群众，倾听民意，确保工程的每一步都符合人民群众的利益和愿望。通过这样的方式，中国共产党人赢得了人民群众的广泛支持和信任，为工程的顺利进行提供了强大的社会支持。此外，在南水北调工程的建设过程中，中国共产党人还注重党风廉政建设，确保了工程的廉洁高效。他们严格执行党风廉政建设的各项规定，坚决打击腐败行为，保证了工程资金的合理使用和工程进度的顺利进行。在这一过程中，中国共产党人以身作则，树立了良好的榜样，为工程的顺利实施提供了坚强的政治保证。南水北调工程的实践证明，中国共产党人正是通过这种艰苦奋斗和无私奉献，确保了国家重大工程项目的成功。

三、讲好南水北调故事有助于新时代大学生赓续红色血脉

南水北调工程，作为一项宏伟的水利工程，不仅在地理上连接了中国的南北，更在精神层面上架起了一座桥梁，将红色基因和时代使命传递给新时代的大学生们。这一伟大工程的建设过程，不仅是一项浩大的工程壮举，更是一次深刻的精神洗礼，它在无数青年学子的心中播下了红色的种子，让他们深刻理解了中国共产党领导下的伟大事业，从而赓续红色血脉。

在课堂上，大学生可以通过深入学习南水北调工程的历史背景、设计原理以及建设过程，更加全面地了解了中国共产党在解决国家

重大问题上的智慧和决心。他们可以通过详细研究南水北调工程的每一个阶段，从最初的规划到最终的实施，每一个细节都体现了中国共产党的深思熟虑和科学决策。可以了解并为那些在艰苦条件下依然坚持不懈、努力奋斗的建设者们的精神所深深感动，从中汲取了巨大的力量和勇气。正是这些建设者们在面对各种困难和挑战时，始终保持着坚定的信念和不屈不挠的精神，这种精神力量成了学生们学习的榜样。

学生们也可以通过参观南水北调工程的展览馆或进行实地考察，亲眼看见这一伟大工程的壮丽景象，更加直观地感受中国共产党领导下的国家实力和民族自信。通过展览馆内丰富的历史资料和实物展示穿越回工程的各个重要时刻，感受建设者们的艰辛与辉煌。实地考察时，学生们可以通过站在宏伟的水利工程面前，直观感受到人类智慧的结晶。在这一过程中，学生们不仅学到了知识，更感受到了作为一名中国人的自豪和骄傲。

同时，大学生也可以积极参与到南水北调工程相关的志愿服务和科研项目中。他们可以深入基层，与工程技术人员和当地居民进行深入交流，了解工程带来的实际效益和深远影响。通过这些实践活动，学生们不仅锻炼了自己的实践能力，更深刻体会到了为人民服务的宗旨和责任。他们将所学知识与实际问题相结合，为工程的优化和改进提出了许多有价值的建议和方案。

此外，大学生们还通过各种形式的文化活动，如演讲比赛、征文比赛和文艺演出，将南水北调工程背后的故事和精神传播开来，用自己的方式诠释着新时代青年的责任和担当，激励更多的人关注和参与到国家重大工程建设中。这些活动不仅丰富了校园文化生活，也增强了学生们的社会责任感和历史使命感。

通过这些丰富多彩的学习和实践活动，新时代的大学生们不仅增长了知识，更在精神上得到了洗礼和升华。所以，作为新时代的青年，要继承和发扬革命先辈的光荣传统，将红色血脉赓续下去，为实现中华民族伟大复兴的中国梦贡献自己的青春力量。南水北调工程不仅是一项伟大的水利工程，更是一堂生动的爱国主义教育课，为新时代大学生赓续红色血脉提供了宝贵的精神财富。它不仅在物质上解决了水资源分布不均的问题，更在精神上激发了青年一代的责任感和使命感，让他们在实践中学习和成长，成为新时代的建设者和接班人。

第四节　讲好南水北调故事是培育和践行社会主义核心价值观的需要

南水北调故事，这一在中国特色社会主义伟大实践的沃土中孕育而生的中国故事，高扬着爱国主义、集体主义、社会主义的主旋律。它不仅映射出爱国守法、明礼诚信、团结友善、勤俭自强、敬业奉献的道德光辉，而且还集中体现了社会主义核心价值观的精神要义，是对这一价值观的有力诠释和现代实践。社会主义核心价值观为南水北调故事提供了坚实的价值导向，而南水北调故事则展现了社会主义核心价值观的时代特征，两者相辅相成，共同推进。社会主义核心价值观，作为国家、社会、个人三个层面的价值目标、方向和准则，明确了社会整体的价值目标、方向和准则。它蕴含了时代发展的要求，凝聚了社会成员共同的价值追求，为国家的繁荣富强提供了精神动力，为社会的和谐稳定奠定了道德基石，更为个人的全面发展指明了方向。而南水北调故事，正是在这一价值观的引领下，通过具体的实践行动，将这些价值理念转化为全社会的自觉行动，从而推动社会主义现代化建设伟大事业的发展。

一、南水北调故事的精神内涵与社会主义核心价值观高度契合

南水北调工程不仅是一项宏伟的水利工程，更是中华民族团结协作、勇于创新的生动体现。它在精神内涵上与社会主义核心价值观在历史维度、人与自然维度、人与人维度等方面高度契合，为中华民族的伟大复兴注入了新的动力，具体表现在以下几个方面：

在历史维度上，南水北调工程继承了中华民族治水的优良传统。自古以来，华夏儿女就与水患作斗争，兴修水利，保障民生。南水北调工程的实施，正是在新的历史条件下，对这一传统的继承和发扬。它不仅解决了北方地区水资源短缺的问题，还为中华民族的可持续发展提供了有力保障。

社会主义核心价值观深深植根于中华优秀传统文化的深厚土壤之中。在国家层面，它不仅融合了“德治仁政”与“兼济天下”等传统治国理念，还汲取了“民为邦本，本固邦宁”的民本思想，以及“天下为公，选贤与能”的用人原则。在社会层面，它继承并发展了“依法治国”与“法律面前人人平等”的原则，同时强调了“和为贵”与“协和万邦”的社会和谐理念。在个人层面，则是对“仁义礼智信，忠孝悌忍善”等传统美德的承续，更融入了“自强不息，厚德载物”的个人修养与道德追求。南水北调工程中蕴含的丰富精神内涵正是中华优秀传统文化继承与发扬的证明，它不仅体现了中华民族的智慧与勇气，更是对中华优秀传统文化精神的现代诠释。无论是那些“先天下之忧而忧，后天下之乐而乐”，以“四年任务两年完成”的壮志勇担重任的移民干部，还是那些“常思奋

不顾身，以徇国家之急”，以朴素的家国情怀无条件服从大局的移民群众，以及那些在工程中“胸有成竹，创新求变”的工程技术人员，他们均是新时代以爱国主义为核心的民族精神的生动体现。

习近平总书记强调必须“弘扬以爱国主义为核心的民族精神和以改革创新为核心的时代精神”①，南水北调故事正是这两种精神相互融合的体现。它不仅彰显了中华民族在新时代的奋斗精神，还体现了对中华优秀传统文化的传承与创新。因此，南水北调故事与社会主义核心价值观在历史的维度上展现出高度的内在一致性，它们共同构筑了中华民族的精神家园，指引着我们在新时代的征程中不断前行。

在人与自然的关系维度上，南水北调工程无疑是一个显著的例证，它充分展现了人类与自然界和谐共生的理念。这一宏伟的工程不仅实现了人类与自然界之间的和谐共处，而且为构建美丽中国树立了一个光辉的典范。在社会主义核心价值观中，所倡导的是人类与自然界和谐发展的理念，这种理念深深植根于马克思关于人类与自然界统一性的深刻洞察之中。自然界的存在先于人类，构成了我们存在的本原性基础，而人类作为自然界中的最高级感性存在，通过实践活动与自然界建立了紧密的联系。然而，在资本主义社会中，这种人类与自然界之间的和谐关系往往遭到破坏，只有在社会主义社会中，人们才能真正实现与自然界的和谐统一。人类在改造自然界的过程中，逐步掌握了自然规律，摆脱了被自然界支配的束缚，避免了对自然界的肆意破坏，从而逐步从必然王国走向自由王国，实现了人类与自然界的共生共存和和谐发展。这种和谐发展的理念

① 《习近平在庆祝中国共产党成立 95 周年大会上的讲话》，载新华网，http://www.xinhuanet.com/politics/leaders/2021 -04/15/c_1127333691.htm? ivk_sa =1024320u。

正是社会主义核心价值观所倡导的，社会主义核心价值观强调，在改造自然界的过程中，我们必须坚持“既要金山银山、更要绿水青山”的发展理念，坚持发展与保护相结合，以实现经济社会的可持续发展。

作为一项具有重大战略意义的基础设施工程，南水北调工程充分体现了人类与自然界和谐发展的典型关系。我国东部地区由于其大陆性季风气候的特点，导致了降水分布的南多北少，水资源在时间和空间上的分布极不均衡，水旱灾害频发。面对这种自然条件的挑战，我国充分发挥了社会主义制度的优势，实施了跨区域的水资源调配，成功建成了一个功在当代、利在千秋的伟大工程。南水北调工程的实施，从最初的设想、探索到最终的成功，这一过程充分体现了我国在尊重自然规律的基础上，人类与自然界关系逐步走向自由王国的历程。作为实现人类与自然界和谐发展的生动案例，南水北调故事与社会主义核心价值观在人类与自然界关系的维度上具有高度的内在契合性，共同彰显了人类与自然界和谐共生的美好愿景。这一伟大工程不仅为我国的水资源调配提供了有力保障，还为全球范围内人类与自然界和谐共生提供了宝贵的经验和启示。南水北调工程的成功实施，充分展示了我国在社会主义制度下，通过科学规划和合理利用自然资源，实现人与自然和谐共生的坚定决心和卓越能力。这一工程不仅为我国的经济社会发展提供了坚实的水资源保障，还为全球范围内解决类似问题提供了中国智慧和中国方案。南水北调工程的成功，不仅在于其巨大的经济效益，更在于其深远的社会和生态效益，为实现人与自然和谐共生的美好愿景树立了光辉的典范。

在人与人之间的维度上，南水北调工程充分展现了社会主义核心价值观中所倡导的团结与互助的精神。这一价值观在处理人际关系方面起到了至关重要的作用。其核心理念在于通过价值观的引导，推动人与人之间的和谐共处，从而实现人的自由而全面的发展。追求人与社会的自由而全面发展，正是马克思主义哲学所追求的终极目标。人是构成社会和国家的基础单元，因此人际关系涵盖了个人之间、个人与社会、个人与国家三个层面。人是所有社会关系的综合体现，而人际关系的真正和谐，只有在社会主义社会中才能真正实现。在社会主义社会里，社会成员之间的矛盾通常是局部的、暂时的，其根本利益和长远利益是一致的。正是在这样的背景下，社会主义核心价值观将个人发展、国家的强盛和社会的有序性紧密地结合在一起，为构建“自由人的联合体”指明了方向。

南水北调这项宏伟的工程涉及多个省市，需要不同地区、不同部门、不同行业的密切配合和共同努力。在工程建设过程中，广大建设者克服重重困难，攻克了一个又一个技术难题，充分展现了中华民族团结一心、攻坚克难的优秀品质。南水北调工程的实施，不仅体现了社会主义核心价值观中的团结与互助精神，还彰显了责任与奉献的高尚品质。在这一伟大工程中，无数建设者舍小家为大家，将个人利益置于国家和人民利益之后，以实际行动诠释了社会主义核心价值观中的集体主义精神。他们不畏艰险，夜以继日地奋战在施工现场，用汗水和智慧筑就了一座座跨越南北的桥梁，为解决我国水资源分布不均的问题作出了巨大贡献。在南水北调工程中，各级政府和相关部门也充分体现了服务人民的宗旨。他们积极协调资源，科学规划，确保工程顺利进行。在遇到困难和挑战时，各级领导和工作人员深入一线，了解实际情况，及时解决问题，确保了工程的高效推进。这种以人民为中心的工作态度，正是社会主义核心价值观中“人民至上”理念的具体体现。此外，南水北调工程还促进了沿线地区的经济社会发展。通过调水工程，不仅缓解了北方地区的水资源短缺问题，还带动了相关产业的发展，提高了当地居民的生活水平。在这一过程中，社会主义核心价值观中的公平、正义、共享等理念得到了生动实践，为实现区域协调发展、构建和谐社会提供了有力支撑。

总之，南水北调工程不仅是一项伟大的水利工程，更是一次生动的社会主义核心价值观的实践。它不仅为我国经济社会发展提供了有力支撑，更为全社会树立了团结协作、无私奉献的榜样。通过这一工程，我们更加坚信，在社会主义核心价值观的引领下，中华民族一定能够克服一切困难，实现中华民族的伟大复兴。这一伟大工程不仅展现了中华民族的智慧和力量，也进一步巩固了社会主义核心价值观在人们心中的地位，激发了全社会的凝聚力和向心力。南水北调工程的成功实施，充分证明了社会主义制度的优越性和社会主义核心价值观的强大力量，为未来我国在其他领域的发展提供了宝贵的经验和启示。

二、南水北调故事是社会主义核心价值观在大国工程建设过程中的生动实践

“富强、民主、文明、和谐”这四个词语深刻地描绘了社会主义现代化强国的核心目标。它们不仅在理论上具有深远的意义，而且在实践中也得到了充分的体现。南水北调工程及其背后所蕴含的南水北调故事，与这一宏伟目标高度契合，完美地体现了这些核心价值观。首先，“富强”在经济层面上强调了国家的繁荣和人民的幸福。它依托于强大的经济实力和综合国力，确保了全民共同富裕的目标得以实现。南水北调工程正是在国家日益增长的国力支持下，得以顺利进行。它确保了资金、技术、人力和物资的高效运作，最

终实现了惠及广大民众的价值目标。其次，“民主”在政治层面上要求国家在治理体系和能力现代化进程中坚持人民主权。在南水北调工程的建设过程中，无论是移民政策的制定，还是劝导移民搬迁的实践，都始终将人民的利益摆在首位。政府倾听移民的声音和需求，确保他们的基本权利不受侵害，体现了民主精神的实质。再次，“文明”在文化层面上要求国家不断推广中国特色社会主义文化，以满足人民对精神文化生活日益增长的需求。南水北调工程建设过程中，移民群众展现的“舍小家为大家”的高尚情操，有助于提升公民的思想觉悟，促使他们自觉将国家利益置于个人利益之上，为新时代各项事业的发展提供了强大的精神动力。最后，“和谐”在社会和生态层面上规定了人与自然、人与社会、人与人之间的和谐关系。南水北调工程的建设解决了水源分布不均的问题，促进了人与自然的和谐共生，缓解了人与社会、人与人之间可能产生的矛盾，实现了社会层面的和谐。这一伟大工程不仅在物质层面上造福了人民，更在精神层面上推动了社会的全面进步。南水北调工程的实施，不仅是一项宏伟的水利工程，它还是一次深刻的社会实践，它在推动经济发展的同时，也促进了社会的全面进步和文明的提升。通过这一工程，我们可以看到，一个国家的富强不仅仅体现在经济数字的增长上，更体现在人民生活水平的提高和幸福感的增强上。南水北调工程的顺利实施，正是国家富强的生动体现，它让更多的人民享受到了发展的成果。同时，这一工程也展现了我国在民主决策和民主管理方面的进步。在工程的规划和实施过程中，政府广泛征求了民众的意见，充分考虑了各方面的利益，确保了决策的科学性和民众的广泛参与。这种民主参与和民主监督的实践，是社会主义民主政治的具体体现。此外，南水北调工程还促进了我国文化的繁荣和发展。在工程的推进过程中，涌现出了许多感人至深的故事和英雄人物，这些都成了新时代中国特色社会主义文化的宝贵财富。这些故事和人物激励着人们为实现中华民族伟大复兴的中国梦而不懈奋斗。另外，南水北调工程在促进人与自然和谐相处方面也发挥了重要作用。它不仅改善了北方地区的水资源短缺问题，还促进了水资源的合理配置和可持续利用，为我国生态文明建设树立了典范。通过这一工程，我们看到了人与自然和谐共生的美好前景，也更加坚定了走绿色发展道路的决心。

“自由、平等、公正、法治”这四个词汇深刻地阐释了我们对于一个美好社会的愿景，同时也是党和国家一直以来不懈追求和努力实现的价值目标。这些理念不仅是我们社会发展的指导原则，也是我们共同追求的理想境界。在这些理念中，“自由”是指在一个良好的社会环境中，公民能够享有充分的自由，从而实现个人的全面发展和成长。以南水北调工程为例，这一宏伟的水利工程通过重塑水系网络、平衡水资源的分配，有效地满足了华北地区人民对水资源自由的需求，使得他们能够更好地利用和享受水资源，从而促进了社会的发展。“平等”则体现在通过完善的社会机制和正确的价值导向，确保每个公民都能够享有平等的权利和机会。在南水北调工程的实施过程中，无论是决策者、管理者，还是参与其中的移民干部和普通群众，都通过平等的对话和协商来解决分歧和问题。这种平等的参与和沟通方式，确保了移民政策的普遍适用性，避免了偏袒和不一致的做法，使得每个人都能在这一重大工程中得到公平的对待。“公正”作为衡量人际关系和社会行为的重要尺度，南水北调工程在处理征地补偿问题时，始终坚持公开、公正和实事求是的原则。在关注移民群众后续发展的问题上，通过资金和政策的支持适度倾斜，以体现社会的公正和关怀。这种公正的做法不仅赢得了人民群众的信任和支持，也为社会的和谐稳定奠定了坚实的基础。“法治”

是国家治理和社会有序运行的关键保障。在南水北调工程的建设过程中，特别是在移民安置工作中，法治精神和法律意识始终贯穿其中。党员干部依法行事，公正廉洁，全心全意为人民服务，确保了搬迁工作的依法。通过法治的手段，不仅保障了工程的顺利进行，也维护了社会的公平正义，为人民群众创造了安定有序的生活环境。

“爱国、敬业、诚信、友善”这四个词语深刻地概括了作为公民在道德行为上应当遵循的基本准则，并且它们被作为指导公民日常行为的重要原则。这些核心价值观不仅全面地涵盖了个人品德的各个层面，而且深刻地反映了社会和谐发展的根本价值取向。以南水北调故事为例，它深刻地阐释了“爱国”这一核心价值观的深远意义。国家为了人民的福祉，不遗余力地投入巨额资金，建设了像南水北调这样的重大水利工程。而人民为了国家的长远利益，也愿意牺牲个人的局部利益，移民群众能够顾全大局，无私奉献。这种深沉的爱国情感和无私的牺牲精神，构成了南水北调故事的核心。而“敬业”这一价值观要求公民在其岗位上恪尽职守，无私奉献，不计较个人得失。在南水北调工程中，移民干部们忠诚于人民，勤勉工作，夜以继日地奋斗在迁安一线，以实际行动践行对党和人民的庄严承诺，充分展现了他们的敬业精神。同样，工程建设者们追求卓越，创新务实，以高尚的职业道德和严谨负责的态度，体现了新时代工匠精神的敬业与执着。“诚信”是维系社会秩序、协调人际关系的关键。在南水北调工程中，无论是移民干部还是普通群众，在处理搬迁问题时都以诚信为本，坚守承诺。工程建设和验收过程中的实事求是、不偷工减料、不隐瞒不报，都是诚信的具体体现，彰显了社会的诚信精神。“友善”是公民之间团结互助、友好相处的重要基础。在南水北调工程建设中，移民干部以和风细雨的态度处理征迁问题，移民群众与安置地居民友好相处，这些都生动地反映了社会主义核心价值观中友善的要求，体现了人与人之间的和谐关系。这些价值观的实践，不仅在南水北调工程中得到了体现，而且在我们日常生活的方方面面都发挥着重要作用。它们是构建和谐社会的基石，是推动国家进步和发展的动力。每一个公民都应该将这些价值观内化于心、外化于行，让它们成为我们行动的指南，共同为实现中华民族的伟大复兴而努力。

三、南水北调故事为大学生培育和践行社会主义核心价值观提供了现实样本和榜样力量

南水北调工程不仅仅是一项规模宏大、意义深远的水利工程，它更是中华民族团结协作、勇于创新精神的生动体现。在这项伟大工程的建设过程中，无数的建设者们无私奉献、攻坚克难，他们以实际行动展现了新时代中国人的精神风貌。大学生们通过学习南水北调工程背后的故事，能够深刻地理解社会主义核心价值观中的“富强、民主、文明、和谐”等深刻内涵。在培育和践行社会主义核心价值观的过程中，南水北调故事激励着大学生们树立远大的理想，坚定信念，勇于担当。他们从建设者们的身上看到，只有将个人的梦想与国家的发展紧密结合，才能实现自我价值的最大化。同时，大学生们也逐渐认识到，社会主义核心价值观并非抽象的概念，而是要落实到具体行动中，体现在日常生活和学习工作的每一个细节中。在南水北调工程的建设过程中，还体现了“自由、平等、公正、法治”的价值追求。这一工程的实施涉及多个省市，需要协调各方利益，确保资源的合理分配。大学生们通过学习这一过程，能够更好地理解法治精神和公平正义的重要性，从而在未来的社会生活中，自觉维护法律的权威，推动社会公平正义的实现。此外，南水北调

工程还弘扬了“爱国、敬业、诚信、友善”的传统美德。建设者们以高度的责任感和使命感，克服重重困难，确保工程的顺利进行。大学生们通过学习这些先进事迹，能够深刻领会到敬业精神和诚信品质的重要性，从而在自己的学习和工作中，努力做到敬业奉献、诚实守信。

总之，南水北调故事为大学生培育和践行社会主义核心价值观提供了生动的教材。通过学习这些故事，大学生们不仅能够深刻理解社会主义核心价值观的丰富内涵，还能够在实际行动中践行社会主义核心价值观，为实现中华民族伟大复兴的中国梦贡献自己的青春力量。这些故事不仅让大学生们了解到南水北调工程的伟大意义，还让他们深刻感受到社会主义核心价值观在现实生活中的具体体现，从而更加坚定地为实现中华民族伟大复兴的中国梦贡献自己的青春力量。

第五节　讲好南水北调故事是贯彻新发展理念的需要

讲好南水北调故事是贯彻新发展理念的需要。以“创新、协调、绿色、共享”的新发展理念贯穿南水北调工程，指导其解决水资源短缺、改善生态环境、促进区域均衡发展、保障移民权益，实现可持续发展和共同富裕目标，是南水北调故事中蕴藏的丰富思想资源。

一、“创新”理念是建设南水北调工程的核心动力

自近代以来，无数的仁人志士为了民族的独立和人民的解放，

进行了不懈的探索；他们以坚定的信念和不屈的精神，为国家的繁荣和民族的复兴付出了巨大的努力。他们深知，只有通过不断的奋斗和探索，才能实现国家的强盛和民族的振兴。进入改革开放和社会主义建设时期，技术革新不断推进，科技创新成为国家发展的强大引擎。科技的进步，不仅推动了经济的快速发展，也极大地提高了人民的生活水平。直至新时代，我国的科技成就为世界贡献了中国智慧，“创新”理念始终是贯穿其中的核心要素，成为推动社会进步和经济发展的关键力量。南水北调工程，这一宏伟的跨世纪水利工程，不仅是中国人民改造自然、开拓创新的时代印记，而且在建设过程中，面对众多前所未有的世界级技术挑战，传统的因循守旧方法已无法解决问题。必须开辟新思路，寻找新的解决途径，以适应复杂多变的工程需求。因此，广大工程技术人员和专家团队深入实践，不断进行勘探和考察，他们以科学的态度和严谨的精神，攻克了一个又一个技术难题。经过无数日日夜夜的艰苦努力，他们最终在穿黄工程、膨胀土处理等关键技术上取得了突破，实现了新产品、新技术、新专利等多项成就，彰显了工程建设者们开拓进取、勇于创新的工匠精神。同时，移民干部也积极行动，探索征迁移民和后期发展工作的新方法，通过以点带面、有序推动移民工作，将移民政策与新农村建设和乡村振兴相结合，有效提升了移民群众的生活质量。他们以实际行动践行了以人为本的理念，确保了移民群众的合法权益，促进了社会的和谐稳定。工程建设者们和移民干部身上所体现的攻坚克难、开拓创新精神，构成了南水北调精神的重要组成部分，是新发展理念中“创新发展”理念的集中体现。这种精神不仅在南水北调故事中得到了充分展现，更是新时代中国特色社会主义伟大事业的重要推动力量。它激励着我们每一个人，无论在任何岗位，都要发扬这种精神，为实现中华民族伟大复兴的中国梦而不懈努力。

二、“协调”理念体现了解决南水北调工程建设问题的智慧

“协调”理念揭示了我们在审视和处理问题时所采用的整体性思维和辩证性智慧。针对我国水资源在时间和空间分布上的显著不均衡，南水北调工程在规划阶段就充分考虑了不同地区的水资源特点，以生态的完整性为出发点，协调各区域的水资源，规划了东、中、西三条线路进行总体布局。在工程部署阶段，党和国家进行宏观调控，地方政府分级管理，相关责任主体具体执行，全国统一行动，上下一心，各方面的力量既分工明确又紧密合作，形成了从中央到地方的强大建设合力。在施工建设阶段，面对工程建设中遇到的众多矛盾和问题，各方主体从整体性思维出发，同时推进工程建设、征地移民、水质保护、生态修复等多项工作，特别关注发展过程中的不平衡问题，协调人与自然、南方与北方、城市与乡村之间的关系，确保移民安置和生态修复工作得到妥善处理，集中解决经济发展背后的民生和生态环境保护问题，最终实现了经济、社会与生态效益的良性循环。这种团结协作、统筹规划的“协调发展”理念，不仅丰富了南水北调精神的内涵，也为其他工程建设提供了智慧方案和有益范例，展示了在复杂系统工程中如何通过协调各方力量，实现资源优化配置和可持续发展的成功路径。通过这种协调机制，我们能够确保各项工作的顺利进行，同时兼顾各方利益，实现资源的合理分配和利用。这种协调不仅体现在工程建设的各个阶段，还贯穿于整个项目的规划、实施和管理过程中。通过协调，我们能够更好地应对各种挑战和困难，确保项目的顺利推进和成功完成。通过贯彻“协调”理念，不仅为南水北调工程的成功奠定了坚实的基

础，也为其他类似工程提供了宝贵的经验和借鉴。通过贯彻“协调”理念，我们能够更好地实现资源的优化配置，推动社会经济的可持续发展，为人民群众创造更加美好的生活。

三、“绿色”理念是推动南水北调工程后续高质量发展的支撑

“绿色”理念作为可持续发展的核心要素，深刻地体现了人类与自然和谐共存的理想愿景，它是一种代表着生态平衡、环境保护和可持续发展的理念。在这一理念的指导下，南水北调工程不仅仅是一项关乎民生的水利工程，更是一项绿色工程。它不仅仅解决了北方地区水资源短缺的问题，还为整个国家的生态环境改善和可持续发展作出了重要贡献。面对跨流域调水可能引发的土壤盐渍化、物种多样性下降、水质污染等一系列生态平衡挑战，南水北调工程在建设过程中高度重视环境保护和生态修复工作。为了应对这些挑战，工程采取了一系列创新措施。例如，通过加强生态环保措施，涵养南水北调沿线的水源，确保水土保持稳定；严格遵守调出区域的生态保护红线，关闭高污染企业，治理河流湖泊受损和地下水过度开采的问题；建设“绿色长廊”，发展生态旅游，让人民群众在享受经济发展成果的同时，也能享受到优美的自然环境。一个良好的生态环境是最普遍的民生福祉。南水北调工程不仅取得了经济上的成功，还带来了巨大的生态效益，满足了人民对经济发展和生活环境的双重期望，实现了综合效益的最大化。它不仅为北方地区提供了宝贵的水资源，还改善了沿线地区的生态环境，促进了生物多样性的保护，提升了人民群众的生活质量。

南水北调工程融入了深刻的“绿色发展”理念和生态伦理考量，通过这一工程，我们可以看到，经济发展与环境保护是可以相互促

进、共同发展的。南水北调工程的成功经验，为全球其他国家和地区提供了宝贵的借鉴，展示了人类与自然和谐共存的美好未来。

四、“共享”理念蕴含了南水北调工程建设的目标指向

“共享”是社会公平正义的必然要求，它深刻体现了以人民为中心的内在逻辑。社会主义现代化建设的道路，是中国共产党引领人民走向共同富裕的道路，其初衷和终极目标都是为了人民的幸福。南水北调工程，作为社会主义现代化建设中的一项伟大实践，生动地展现了以民为本、共享发展的核心理念。为了提升华北地区居民的生活质量，并减少城乡及区域间的发展不平衡，“南水北调”应运而生。在建设过程中，南水北调工程综合考虑了人与自然的和谐、经济发展与生态保护的平衡，通过实施水质保护、生态补偿与修复措施，不仅满足了当代人的生存和发展需求，更为子孙后代留下了持续发展的福祉与财富，确保人们都能享受到共享发展的成果。对于移民问题，党和国家制定了科学的移民政策，将征迁移民工作与新农村建设及乡村振兴战略相结合，完善基础设施，激活特色旅游资源，发展生态旅游业，增加居民收入，确保在发展过程中切实保障和改善民生，引领全体人民稳步向共同富裕的目标前进。

南水北调工程的实施过程充分考虑了生态环境的保护，采取了一系列有效的措施来确保水质的安全和生态系统的稳定。南水北调工程实施了严格的水质监测和保护措施，建立了完善的生态补偿机制，对受损的生态环境进行了修复和重建，力求在保障人民生活用水的同时，也保护自然生态的平衡。这些措施不仅为当代人提供了清洁的水资源，也为子孙后代留下了宝贵的生态财富。在移民安置方面，南水北调工程采取了一系列人性化的政策和措施，确保了移

民群众的合法权益得到充分保障，不仅为移民提供了新的居住地，还帮助他们改善了生活条件，提高了生活质量。通过将移民安置与新农村建设、乡村振兴战略相结合，为移民群众创造了更多的就业机会，发展了特色旅游和生态农业，增加了他们的收入来源，使他们能够更好地融入新的生活环境，共享社会发展的成果。

可以说，南水北调工程的成功实施，不仅体现了中国共产党以人民为中心的发展思想，也展现了我们国家在推动社会主义现代化建设中的坚定决心和强大能力。这一工程的实施，不仅为华北地区带来了实实在在的福祉，也为全国其他地区的发展提供了宝贵的经验和借鉴。南水北调故事中蕴含的“共享”理念，可以成为我们国家发展进步的重要动力，激励着我们不断前行，为实现全体人民共同富裕的目标而不懈努力。

第三章 新时代高校思政课“讲什么”南水北调故事

南水北调工程不仅仅是一项宏伟的水利工程，更是一段充满时代特色、实践意义和中国特色的精神文化传承。这一伟大工程体现了鲜明的时代特征，展现了实践中的创新与探索，彰显了中国独有的文化精神。南水北调故事中蕴含着丰富的人民至上、协作共享、艰苦奋斗、创新求精、忠诚奉献以及利在千秋的精神内涵，这些精神内涵为南水北调工程的建设提供了明确的指导思想和行动指南，解答了“为谁建”、“依靠谁”以及“如何建”等一系列关键问题。南水北调工程的建设过程中，无数建设者以人民的利益为重，无私奉献，克服重重困难，展现了协作共享的精神。他们不畏艰难，勇于创新，追求卓越，以实际行动诠释了艰苦奋斗和创新求精的深刻内涵。同时，他们对国家和人民的忠诚奉献，确保了工程的顺利进行，为子孙后代留下了宝贵的水资源和精神财富。

在新时代背景下，高校思政课应当深入挖掘和提炼南水北调故事的丰富内涵，广泛宣传其时代价值，并将其运用到教学实践中。通过讲述南水北调故事，可以让学生更好地理解国家的发展战略，激发他们的爱国情怀和社会责任感。同时，南水北调故事的传播和教育，有助于培养新时代青年的创新精神和实践能力，使他们在实现中华民族伟大复兴的中国梦的征程中，能够继承和发扬南水北调精神，为国家的发展贡献自己的力量。

第一节 “人民至上”的故事

“人民至上”的故事，深刻揭示了南水北调工程“为谁建”的核心理念，该故事所蕴含的精神实质，恰如其分地体现了南水北调工程的核心理念与价值追求。它深刻且具体地揭示了中国共产党“全心全意为人民服务”这一根本宗旨在南水北调这一壮丽工程中的具体展现与坚定实践。为实现一渠清水永续北送的伟大目标，中国共产党始终秉持着这一宗旨，致力于为人民谋福祉，为国家发展贡献力量。在党中央、国务院的英明决策下，中国共产党人历经六十余载的不懈努力，从全面而科学地规划布局，到稳步扎实的实践推进；从拥有全球视野的顶层设计，到数十万建设者齐心协力、众志成城，每一步都彰显了其严谨、务实与前瞻性的工作态度。几代南水北调工作者以卓越的智慧与坚韧的毅力，共同绘制并实现了这一伟大蓝图。终于在 2014 年 12 月 12 日，南水北调工程正式通水，这一历程中蕴含的民生温情、民心所向、生态和谐以及精神文化的深邃内涵，都是值得我们深入挖掘并生动讲述的宝贵故事。

一、南水北调工程是民生工程

南水北调工程是一项重要的民生工程，它不仅关乎水资源的合理分配，还深刻影响着国家的经济社会发展格局。这项宏伟的工程旨在解决黄淮海流域日益严峻的水资源短缺问题，从而推动中国南北方的均衡发展和可持续发展。众所周知，中国是一个水资源相对匮乏的国家，人均水资源量远低于全球平均水平，而且水资源的地域分布极不均衡。特别是在黄淮海流域，水资源短缺问题尤为突出，人均水资源量较少，影响了约2亿人口的生活和生产。长期的干旱和缺水导致了过度开发和利用水资源，进而加剧了地面下沉等环境问题，同时水污染问题也日益严重。

为了解决这一系列问题，中央政府决定实施南水北调工程，通过从水资源相对丰富的长江流域向黄淮海流域调水，以期改善生态环境，促进经济社会的可持续发展。截至2024年12月12日，东线和中线一期工程已经取得了显著的成效，累计调水量达到了670亿立方米，惠及45座大中城市，受益人口超过1.85亿。这些举措极大地优化了受水区的水资源配置结构，使南水北调工程已经成为沿线城市供水体系中不可或缺的重要组成部分。

在水质方面，东线干线的水质已经稳定达到了地表水Ⅲ类标准，而中线干线的水质则稳定在Ⅱ类标准及以上，显著改善了沿线群众的饮用水质量。南水北调工程提供的水资源对北方城市供水起到了至关重要的作用。在北京，南水已经占据了城区供水量的70%以上；在天津，南水几乎占据了主城区供水量的全部；在郑州和石家庄，南水分别占据了中心城区供水量的90%和75%以上。这些数据充分证明了南水北调工程在改善北方城市供水状况、保障民生方面所发挥的巨大作用。

二、南水北调工程是民心工程

南水北调工程是一项深得民心的重大水利工程，它充分体现了中国共产党始终不渝地坚持全心全意为人民服务的宗旨。这项宏伟的工程凝聚了几代党和国家领导人的巨大心血，彰显了国家决策的战略眼光和人民至上的理念。早在1952年10月30日，毛泽东同志在视察黄河时提出了南水北调的宏伟设想，[①] 这一设想在随后的几十年中得到了历届中央领导集体的高度重视和认真对待。

为了确保南水北调工程的顺利实施，国家进行了长达半个世纪的深入调研和科学论证，召开了20余次中央级别的会议，充分听取了各方面的意见和建议。在20世纪50年代，毛泽东同志和周恩来同志多次听取工程汇报，并作出重要指示。[②] 1980年，邓小平同志亲临丹江口大坝视察，对工程给予了高度关注。[③] 到了2000年，朱镕基同志提出了“先节水后调水，先治污后通水，先环保后用水”的重要原则。[④] 2010年10月，李克强同志在强调工程质量和移民搬迁安置的同时，明确提出了“要始终把质量作为工程建设的核心任务，全面加强质量管理，努力把工程建设成为一流工程、精品工程、人民群众放心的工程。移民搬迁安置是南水北调工程的关键，要扎扎实实、深入细致地做好工作，实现和谐搬迁、妥善安置，确保移民搬得出、稳得住、能发展、可致富。”[⑤]

2002年，国务院正式批复了《南水北调工程总体规划》，该规划通过东中西三条调水线路，将长江、淮河、黄河、海河四大水系

---

① 参见《跟着毛主席的足迹看黄河》，载中国新闻网，https://www.chinanews.com.cn/gn/2019/10-20/8984221.shtml。

② 参见《中国共产党领导治水事业的世纪画卷——南水北调工程实践的经验与启示》，载中华人民共和国水利部南水北调工程管理司网2021年8月3日，http://nsbd.mwr.gov.cn/zx/zxdt/202209/t20220906_1598126.html。

③ 参见《南水北调中线工程论证与决策回忆》，载人民政协网，https://www.rmzxw.com.cn/c/2024-07-15/3578117.shtml。

④ 参见高俊才：《南水北调工程——绘就四大流域联通的宏伟蓝图》，载中华人民共和国国家发展和改革委员会网，https://www.ndrc.gov.cn/xwdt/gdzt/cl70zn/201909/t20190930_1197750.html。

⑤ 《李克强强调：又好又快地全面推进南水北调工程》，载中华人民共和国中央人民政府网站，https://www.gov.cn/ldhd/2010-10/09/content_1718410.htm。

相互连接，形成了我国中部地区水资源“四横三纵、南北调配、东西互济”的总体格局。2014 年 12 月，习近平总书记就南水北调中线一期工程正式通水作出了重要指示，强调南水北调工程是实现我国水资源优化配置、促进经济社会可持续发展、保障和改善民生的重大战略性基础设施。经过几十万建设大军的艰苦奋斗，南水北调工程实现了中线一期工程正式通水，标志着东、中线一期工程建设目标全面实现。[①] 2021 年 5 月 14 日，习近平总书记在河南省南阳市主持召开推进南水北调后续工程高质量发展座谈会并发表重要讲话，他强调：“南水北调工程事关战略全局、事关长远发展、事关人民福祉。”[②] 目前，南水北调工程正致力于迈入新发展阶段，深入贯彻新发展理念，积极构建新发展格局，旨在成为推动形成全国统一大市场及畅通的国内大循环的关键水资源支撑力量，进一步促进南北地区的协调发展，为实现全面建设社会主义现代化国家的目标贡献力量。

南水北调工程不仅是一项宏伟的水利工程，更是一项具有深远生态意义的工程。它致力于构建一个优良的生态环境系统，这一系统无疑是全民共享的最好的福祉。在这个领域内，南水北调中线工程显示了其在恢复生态环境、推进沿线地区的生态文明构建方面所具有的无可比拟的作用和价值。自从南水北调东中线一期工程通水十年以来，受水地区的生产和生活用水量有了显著地提升，这不仅极大地减轻了城市居民生活用水和农业用水之间的紧张关系，也有

---

① 参见《习近平、李克强就南水北调中线一期正式通水作出重要指示要求和批示》，载中华人民共和国中央人民政府网，https://www.gov.cn/guowuyuan/2014-12/12/content_2790184.htm。

② 《习近平在推进南水北调后续工程高质量发展座谈会上强调　深入分析南水北调工程面临的新形势新任务　科学推进工程规划建设提高水资源集约节约利用水平　韩正出席并讲话》，载《思想政治工作研究》2021 年第 6 期。

效遏制了地下水资源的过度开采现象，从而使得地下水位得以稳步回升。

值得一提的是，中线一期工程为北方超过 50 条河流提供了近 100 亿立方米的生态补水，这一举措极大地改善了一大批河流和湖泊的生态环境。例如，白洋淀的面积有了显著的扩张，而永定河也在多年之后重新实现了全线通水。在华北地区，浅层地下水水位在连续多年的下降之后，首次出现了回升的趋势。此外，中线一期工程的实施还带动了沿线生态带的建设，沿线地区相继划定了总干渠两侧的水源保护区，形成了一条长达 1200 多公里的生态景观带，宛如一条翠绿的丝带镶嵌在大地上，为当地居民提供了一个美丽的绿色走廊。这一生态景观带不仅美化了环境，还为动植物提供了栖息地，促进了生物多样性的保护。同时，它还为周边居民提供了休闲娱乐的好去处，改善了他们的生活质量。南水北调工程的实施，不仅解决了北方地区水资源短缺的问题，还促进了区域经济的可持续发展，提升了人民的生活水平。通过这一工程，我们可以看到，水利工程与生态环境保护可以相辅相成，共同构建一个和谐共生的美好未来。

三、南水北调工程是精神文化工程

南水北调工程不仅仅是一项宏伟的水利工程，更是一项具有深远意义的精神文化工程。自古以来，人类社会的繁荣发展离不开水的恩泽，水是生命之源，也是文明之基。从古至今，人类文明的诞生与水的存在息息相关，水的流动与汇聚孕育了灿烂的文明。南水北调工程，这一伟大的现代水利奇迹，不仅为我国北方地区带来了宝贵的淡水资源，缓解了水资源短缺的困境，还通过这一壮举讲述了丰富的南水北调故事，孕育了独特的南水北调精神。

这种故事中蕴含的精神内容，是根植于源远流长的中华优秀传统文化之中，是将优秀传统文化精髓与时代精神完美结合的产物。中华优秀传统文化博大精深，它凝聚了中华民族几千年来的智慧，积淀了最深层的精神追求，形成了独特的精神标识。这种文化历来强调仁爱、民本、诚信、正义、和合、大同等价值观念，这些观念也成了南水北调精神的源头活水。

我们知道，从豫西南到鄂西北，再到陕南这一带，都是中华文明特别是楚汉文化的重要发祥地。南水北调中线工程正是扎根于这荆楚之地、汉江流域、中原大地的深厚文化沃土之中。这一工程的实施，不仅解决了北方地区的水资源短缺问题，还促进了沿线地区的经济社会发展，改善了当地居民的生活条件，提升了生态环境质量。南水北调东线工程则利用了京杭运河的部分河道作为输水通道，这一创新举措不仅节约了工程建设成本，还让古老的运河重获新生，为京杭大运河的整体性保护规划和文化遗产修复带来了新的机遇。京杭大运河作为世界上最长的人工河流，见证了中华民族的智慧和勤劳，承载了丰富的历史文化。通过南水北调工程的实施，古老的运河焕发了新的生机，成为连接南北、沟通古今的重要纽带。

因此，我们可以说，中华优秀传统文化是孕育南水北调故事的母体，是南水北调精神生成的根源性力量。南水北调工程，这一跨越时空的壮举，将永远铭记在我国历史的长河中，成为中华民族自强不息、锐意进取的象征。南水北调故事的形成和南水北调精神的孕育，不仅为中华优秀传统文化注入了时代气息，使其焕发出勃勃生机，更彰显了中华民族在新时代的精神风貌。这一工程不仅是一项伟大的水利工程，更是一项具有深远意义的文化工程，在未来的征程中，它将永远激励着中华民族继续发扬自强不息、勇于创新的精神，为实现中华民族的伟大复兴而不懈奋斗。

第二节 “忠诚奉献”的故事

“忠诚奉献”的故事，深刻地描绘了南水北调工程背后所依靠的英雄群体。南水北调工程不仅仅是一项宏伟的国家工程，更是一项具有划时代意义的伟大创举。它的成功实施，凝聚了无数人的心血和汗水。南水北调工程的成功离不开广大党员干部的先锋模范作用。他们以身作则，率先垂范，用实际行动诠释了什么是责任和担当。在工程建设的每一个关键环节，党员干部们始终冲在最前线，确保工程顺利推进。

南水北调工程的成功还得益于二十万建设大军的忠诚担当和履职尽责。这些来自全国各地的建设者们，他们不畏艰难险阻，不惧风吹日晒，夜以继日地奋战在工地上。他们用辛勤的汗水和智慧，攻克了一个又一个技术难题，确保了工程的质量和进度。他们的忠诚和担当，是南水北调工程能够顺利完成的重要保障。南水北调工程的成功也离不开四十余万移民的舍家为国、无私奉献。这些移民为了国家的长远发展和整体利益，毅然决然地离开了自己的家园，搬迁到新的地方开始新的生活。他们的牺牲和奉献，为南水北调工程的顺利实施提供了坚实的基础。他们的无私精神，值得我们每一个人铭记和学习。

一、忠诚奉献是南水北调工程中党员干部的本色

忠诚奉献是南水北调工程中党员干部的本色，他们以实际行动诠释了这一精神。南水北调工程，自南向北绵延不绝，不仅见证了

工程建设者们的辛勤耕耘与不懈努力，更承载着党员干部优良作风这一宝贵“源头活水”的深刻内涵，传递着积极向上的正能量。在工程决战高峰期，他们拧成了一股绳，共产党员的模范作用在进度协调、质量监管、技术创新、施工组织等关键环节得以彰显，解开死结，盘活危局，成为夺关守隘坚不可摧的力量。

作为南水北调工程的重要设计者之一，林一山在新中国成立初期，便积极响应党的号召，秉持着“不慕高位，唯愿成大事”的崇高信念，毅然投身于长江治理的宏伟事业之中。即便是在年事已高、步入耄耋之年的情况下，他依然不辞辛劳，多次亲临海拔高达四五千米的青藏高原，亲自查勘南水北调工程的线路，展现出了非凡的敬业精神和卓越的专业素养。湖北省丹江口市均县镇党委副书记刘峙清被称为“移民的贴心人”，他先后化解矛盾 19 起 172 人次，来回往返近万里，完成 22 批次、2300 多户共 9100 多人次移民搬迁护送任务，却因突发脑溢血去世，年仅 42 岁倒在工作岗位上。“留取丹心照汗青”，不止湖北，河南省淅川县在移民搬迁期间，有 10 名党员干部牺牲在移民迁安一线。① 他们用生命诠释了中国共产党人的忠诚与奉献。

由于拥有一批杰出的中国共产党人，如林一山等，他们秉持着“狭路相逢勇者胜，斗罢艰险再出发”的坚韧不拔的意志，奋力拼搏，从而铸就了以“人民至上、协作共享、艰苦奋斗、创新求精、忠诚奉献”为内核的南水北调精神，并创造了世界水利史上的一项工程奇迹。② 这一调水工程，规模宏大，历时半个多世纪，不仅是新中国砥砺前行的见证，更是中华民族伟大复兴历史征程的见证，同

① 参见《天河之问》，载中华人民共和国水利部南水北调工程管理司网，http://nsbd.mwr.gov.cn/zx/zxdt/202209/t20220906_1598098.html。

② 参见《中国纪检监察报：为有源头活水来》，载中华人民共和国水利部南水北调工程管理司网，http://nsbd.mwr.gov.cn/zx/zj/ts5zn/6/202209/t20220904_1505930.html。

时也深刻体现了中国共产党人的坚定信念与使命担当。他们以实际行动诠释了这一精神，为国家的发展和人民的福祉作出了巨大贡献。

二、忠诚奉献是工程建设者的品格

忠诚奉献是工程建设者的品格。李克强同志在南水北调中线一期工程通水当天作出重要批示："南水北调是造福当代、泽被后人的民生民心工程。中线工程正式通水，是有关部门和沿线六省市全力推进、二十余万建设大军艰苦奋战、四十余万移民舍家为国的成果。"① 南水北调工程是一项规模宏大、结构复杂的系统性工程，它不仅仅是一项单一的水利建设项目，而是一个涉及多个领域的综合性工程。这个工程不仅包括了对大量移民的安置工作，还涉及了大面积土地的征用以及众多建筑物的拆迁任务。同时，主体工程建设的推进、生态环境保护的实施以及水源水质的保障，都是南水北调工程中不可或缺的重要组成部分。在这一伟大工程的实施过程中，需要铁路、交通、通信、水利、电力、文物等多个部门和单位的通力合作与密切配合。这些部门和单位必须协同作战，形成一个高效运转的协作网络，以确保工程的顺利进行。

在宏伟的南水北调工程的建设队伍中，聚集了多达二十万的建设者们。他们来自祖国的四面八方，怀抱着一个共同的目标和坚定的信念。这些辛勤的建设者们，以钢铁般的纪律严格要求自己，无论是在艰苦的工程现场，还是在繁忙的移民安置点，抑或在水质保护岗位上，他们都在各自的岗位上默默付出，勤勉工作。这些勇敢的建设者们，用

---

① 《习近平、李克强就南水北调中线一期正式通水作出重要指示要求和批示》，载中华人民共和国中央人民政府网，https://www.gov.cn/guowuyuan/2014-12/12/content_2790184.htm。

他们的实际行动展现了对国家和人民的忠诚与使命担当。他们不惧艰难险阻，勇于牺牲个人的利益，无私地奉献出自己的智慧和力量。

在广袤的中国大地上，这些建设者们书写了一篇篇感人至深、可歌可泣的壮丽篇章。随着时间的推移，这些感人事迹不断沉淀和提炼，最终凝聚并升华为一种伟大的南水北调精神。这种精神是一种包含了坚定信念、无私奉献、团结协作和勇于创新的精神财富。它不仅在工程建设过程中发挥了巨大的激励作用，更是成了激励后人不断前行、攻坚克难的宝贵精神财富。这种精神将代代相传，成为中华民族伟大复兴征程中不可或缺的力量源泉。

三、忠诚奉献是移民群众舍家为国的精神之源

2021 年 5 月 13 日下午，习近平总书记到南水北调工程移民村淅川县邹庄村了解移民群众生产生活情况时提出：“为了沿线的人民能够喝上好水，大家舍小家为大家，搬出来了。这是一种伟大的奉献精神。沿线人民、全国人民都应该感谢你们。滴水之恩涌泉相报，吃水不忘挖井人呐，你们就是挖井人。”[①] 南水北调工程在实施过程中，面临的最大挑战之一是如何有效地治理和控制污染问题。然而，更为复杂和棘手的难题则在于如何妥善处理和安置因工程建设需要搬迁的移民。特别是南水北调工程中的丹江口库区一期工程，涉及的移民人数达到了 34. 5 万人。面对如此紧迫的时间表——“四年任务两年完成”，广大移民群众展现出了令人钦佩的集体主义精神。他们毫不犹豫地放弃了自己温馨的小家，将个人利益置于国家利益之

① 《“中华民族的世纪创举”——记习近平总书记在河南专题调研南水北调并召开座谈会》，载求是网，http://www.qstheory.cn/qshyjx/2021-05/16/c_1127451450.htm。

下，心系国家的大局，深明大义，表现出了高度的爱国情怀和时代担当。这些移民群众深刻地理解到，国家利益是至高无上的，他们深刻领会到爱国主义所赋予的责任与使命。尽管他们对故土、故业和亲人怀有深深的眷恋和不舍，但这一切都无法阻挡他们在国家重大工程中展现出的无私奉献和无悔付出。这种精神不仅是推动南水北调工程顺利通水的重要精神支柱，更是民族精神中不可或缺的重要篇章。这种精神成了民族精神的时代印记，永远镌刻在历史的长河之中，成为后人学习和传承的宝贵财富。它不仅体现了中国人民在面对国家重大工程时的团结和奉献精神，还展示了他们对国家未来发展的坚定信念和对民族复兴的热切期望。这种精神力量，将激励着一代又一代的中国人，为实现中华民族的伟大复兴而不懈努力。

第三节 “协作共享”的故事

“协作共享”的故事，讲述的是南水北调工程“如何建”中的区域统筹和发展共享的故事。2021 年 5 月 14 日上午，习近平总书记在河南省南阳市主持召开推进南水北调后续工程高质量发展座谈会并发表重要讲话时指出：“南水北调等重大工程的实施，使我们积累了实施重大跨流域调水工程的宝贵经验。一是坚持全国一盘棋，局部服从全局，地方服从中央，从中央层面通盘优化资源配置。”① 早在 1959 年 2 月，中科院、水电部在北京召开“西部地区南水北调考察研究工作会议”时就渗透着共享的理念，确定南水北调指导方针是：“蓄调兼施，综合利用，统筹兼顾，南北两利，以有济无，以多

① 习近平：《论坚持人与自然和谐共生》，中央文献出版社 2022 年版，第 288 页。

补少，使水尽其用，地尽其利。”① 协作共享的实现，不仅依赖于区域、领域、部门及单位之间的全面协调与配合，同时亦需我们深入认知并妥善处理一系列重大关联，包括工程建设与经济发展的和谐共生、工程建设与生态环境的有效保护，以及工程建设过程中移民安置的妥善安排等。既要考虑眼前的经济、社会效益，也要考虑长远的生态效益。这些关系的正确把握与处理，是确保协作共享顺利推进、实现可持续发展的关键所在。

一、南水北调工程是跨区域的大国工程

南水北调工程，作为国家层面的一项重大战略举措，旨在对我国水资源在不同区域之间进行优化配置，是一项规模宏大且复杂的水资源调配项目。该工程的调水范围覆盖了我国的长江、淮河、黄河、海河等四大主要流域，其影响力和重要性不仅局限于这些流域，还广泛涉及全国范围内的十余个省（自治区、直辖市）。这一工程的实施，无疑将对我国水资源的合理分配和利用产生深远的影响。

规划中的南水北调工程，年调水量将达到448亿立方米。仅东线和中线一期工程的土石方开挖量就高达17.8亿立方米，土石方填筑量为6.2亿立方米，混凝土量则达到了6300万立方米。这些数据充分展示了南水北调工程的浩大规模和艰巨任务。

南水北调工程的调水距离之长，堪称世界之最。规划中的东线、中线和西线干线总长度达到了6350公里。这一长度不仅体现了工程的宏伟，也反映了工程技术的复杂性。在这一工程中，不仅包括了

① 《南水北调大事记（延伸阅读）》，载人民网，http://politics.people.com.cn/n/2014/1228/c1001-26286675.html。

丹江口大坝的加高工程，还有中线和东线穿越黄河的艰巨任务，以及世界级特大型跨河渡槽的建设。此外，工程还涉及与铁道、公路、油气管道的主体交叉，以及膨胀土、预应力钢筒混凝土管（Prestressed Concrete Cylinder Pipe，PCCP）的创新施工技术。在安全运行方面，冰期输水的保障也是工程的一大挑战。东线工程中的13级泵站，总装机容量高达36.62万千瓦，总装机流量为4447.6立方米/秒，这使得它成为世界上最大的泵站群。这一数据不仅展示了工程的规模，也体现了其技术的先进性。

除了工程技术上的挑战，南水北调工程还面临着诸多环境和社会问题。东线工程需要治理南四湖、京杭运河及沿线的水污染问题，而中线工程则需要在两年内完成丹江口水库周边34.5万移民的搬迁安置工作。这些任务的艰巨性不言而喻。因此，国家在推进南水北调工程的顺利实施过程中，面临着异常艰巨和复杂的挑战。这不仅仅是一项单纯的水利工程，更是一项与山水林田湖生态系统紧密融合在一起的“生命共同体”工程。它的成功实施，将对我国水资源的合理配置、区域经济社会的可持续发展以及生态环境的保护产生深远的影响。

二、南水北调工程是多行业协作的世纪工程

南水北调工程是一项宏伟的基础建设项目，其顺利推进和实施离不开众多行业的紧密协作和共同努力。虽然国家层面的工作谋划和指导是至关重要的，但仅仅依靠这些显然是不够的。为了确保工程的顺利进行，还需要进一步加强区域间的协调合作，形成一个统一的、协调一致的工作机制。考虑到南水北调工程所涉及的行政单位几乎遍布中国一半以上的行政区域，其工作的复杂性和涉及范围

之广是显而易见的。同时，这项工程还直接关联到诸多地方的实际利益，因此，加强协调合作显得尤为重要。

在南水北调东中线一期工程的建设过程中，从中央到地方各级政府的统筹协调，以及国家层面的整体规划与部署，与鄂豫皖陕京津冀七省市之间的密切合作，共同铸就了一个多学科、跨地区、宽领域统筹协调与团结协作的典范。这一工程的成功实施，充分展示了我国在大型水利工程建设中的高度组织能力与协作精神。一方面，党和政府进行了周密的统筹安排，构建了多层次的办事体系。为此，特别成立了南水北调工程建设委员会，并设立了南水北调办公室，以统筹协调各项工作。同时，各省市也积极响应，纷纷建立了地方南水北调办公室及相关办事机构，确保中央的决策能够迅速、准确地传达到基层，并得到有效执行。另一方面，自 2002 年开工建设以来，国务院南水北调办公室为迅速应对并妥善解决各类重大问题，已颁布实施了一系列规范性文件。此外，还积极依托地方联席会议机制，促进多方协商，以寻求问题的有效解决之道。

值得注意的是，南水北调工程不仅聚焦于主体工程的建设，还广泛涵盖了征地移民安置、环境保护措施落实、交通运输保障等多个领域，其复杂性要求参与部门必须广泛且多样。在此情境下，党和政府展现出高度的责任感与前瞻性，通过精心部署、统一规划与协同推进，确保了工程的顺利进行。地方各级党委、政府及各部门，更是以国家大局为重，紧密团结，各尽其责，相互协作，共同汇聚成一股强大的推动力，生动展现了社会主义国家集中力量办大事的独特优势与显著成效。

以河南省为例，在南水北调中线工程移民工作中，河南省委、省政府成立了库区移民安置指挥部，从省直 13 个部门抽调 30 多名得力人员，脱离原工作岗位，实行集中办公。各相关市、县已组建高规格的移民安置指挥部，由党政主要领导亲自担任总指挥，并由分管领导在现场进行具体指挥。这一举措成功构建了全省范围内目标统一、指挥高效、运作顺畅的组织领导体系。河南省委、省政府明确了各市县和省直各部门的职责分工，建设部门、质量监督部门负责新村建设工作；移民部门负责规划、计划和安置等业务工作；卫生部门为移民群众提供医疗卫生服务；公安干警日夜保障移民生命财产安全，维护交通通畅；电力部门确保移民搬迁用电安全；交通运输部门为移民开辟“绿色通道”，免除路桥通行费，保障路途饮食；气象部门随时发布天气预报；教育、民政、林业等部门及时办理相关手续；环保、卫生、林业、住建等部门和南阳市全力组织做好库底清理工作。

三、南水北调工程是实现生态效益共享的环保工程

自南水北调东中线一期工程启动以来，工程建设和运行管理一直严格遵循党中央、国务院提出的“三先三后”原则，即先节水后调水，先治污后通水，先环保后用水。为了贯彻这一原则，国家在水源地和工程沿线投入了数百亿元，建设了一大批水污染治理项目。沿线各地严格执行环境准入制度，实行更严格的排放标准，坚决淘汰和限制高污染行业的发展，累计关停了 2000 多家治污不达标企业。在东线，江苏省推行环保问责、一票否决制度，沿岸仅化工企业就累计关停了 800 多家；山东省对沿线城镇污水处理厂进行了升级改造。为了确保南水北调东线源头的长期稳定与安全，自 2013 年起，扬州市沿南水北调东线输水廊道精心规划并建设了总面积达 1800 平方千米的生态走廊。这一举措将沿江岸线的 82.4% 区域明确划定为岸线保护区及控制利用区域，同时，将沿江纵深一公里范围

内的 3.86 万亩土地纳入了限制与禁止建设的范畴，实现了从单线防护到广泛涵养水源地生态环境的跨越性转变。自 2020 年 12 月 20 日起，江苏省对长江江苏段内设置的所有水上临时过驳作业区实施撤销与关停措施，并全面取缔该区域内的水上过驳作业活动，旨在进一步强化长江水域的环保防线，确保生态环境得到有效保护。在核心水源地湖北十堰市，为确保中线调水的水质安全，该市已全面达成“管网全面覆盖、污水全面收集、收集污水全面处理、处理污水全面达标”的严格治污目标。同时，为了维护丹江口库区的生态环境，当地已毅然决然地取缔了长期存在的网箱养鱼产业。如今，奔流直上的滚滚南水不仅显著缓解了北方城市水资源短缺的困境，更为河北、天津及北京等地区的供水需求奠定了坚实基础。经过数年的生态治理与修复努力，淮安白马湖成功实现了从昔日“白马大沟”到今日“白马大湖”的华丽转身，成为南水北调东线工程中一道亮丽的风景线。同时，在南水北调焦作城区段，一条“以绿色为基底、以水为灵魂、以文化为脉络、以南水北调精神为主题”的绿化带，在总干渠两侧蔚然成形，为城市新增了近 200 万平方米的绿地空间，构建起一条横贯城区东西方向的生态走廊，极大地丰富了城市的绿色生态体系。因此，南水北调工程不仅改善了人水关系，促进了人与自然和谐共生，还为实现经济社会永续发展、生态美景人人共享提供了水资源安全保障。

第四节　“艰苦奋斗”的故事

“艰苦奋斗”的故事，讲述的是南水北调工程“如何建”中的精神支撑的故事。2014 年 12 月 12 日，南水北调中线一期工程正式通水。习近平同志对工程通水作出重要指示："南水北调工程是实现我国水资源优化配置、促进经济社会可持续发展、保障和改善民生的重大战略性基础设施。经过几十万建设大军的艰苦奋斗，南水北调工程实现了中线一期工程正式通水，标志着东、中线一期工程建设目标全面实现。这是我国改革开放和社会主义现代化建设的一件大事，成果来之不易。"① 艰苦奋斗是中国共产党历经百年倡导与培育的宝贵传统与作风，这一精神特质是中国共产党引领人民克服重重困难、战胜各类风险挑战、持续取得辉煌胜利的关键优势。同时，艰苦奋斗也是中国共产党领导下，历经百年治水历程中不可或缺的精神源泉。

一、艰苦奋斗是建设南水北调工程的精神支撑

中国共产党百年的光辉历程，实则是中国共产党引领人民历经艰辛、不懈奋斗的壮丽史诗。在这段历史长河中，中国共产党领导下的治水历程占据着举足轻重的地位，是百年党史不可或缺的重要篇章。回顾中国共产党领导下的治水历史，可以大致划分为四个具有鲜明时代特征的历史时期：首先是新民主主义革命时期，党在艰苦卓绝的斗争环境中，依然不忘民生大计，致力于水利建设；其次是社会主义革命和建设时期，党团结带领全国各族人民，积极开展水利工程建设，为国家发展奠定坚实基础；再次是改革开放和社会主义现代化建设新时期，党顺应时代潮流，推进水利事业改革创新，取得了一系列举世瞩目的成就；最后是中国特色社会主义新时代，

① 《习近平、李克强就南水北调中线一期正式通水作出重要指示要求和批示》，载中华人民共和国中央人民政府网，https://www.gov.cn/xinwen/2014-12/12/content_2790184.htm。

党继续坚持人民至上、生命至上的理念，全面加强水利基础设施建设，为实现中华民族伟大复兴的中国梦提供坚实支撑。

南水北调工程，自其设计施工之初至东中线一期工程顺利建成并通水，跨越了中国社会主义革命与建设的重要阶段、改革开放与社会主义现代化建设的辉煌时期，并在中国特色社会主义新时代的背景下，愈发彰显出其在经济、政治、社会、生态等多个领域的深远效益。南水北调工程是中国共产党人在社会主义革命和建设时期，为了兴利除害、造福民生，为了改善中国北方特别是京津冀地区长期以来水资源短缺的局面，促进人与自然和谐发展而修建的重大水利工程。工程自立项之初，就经历了反复讨论、多重论证，开始具体施工之后，所遇到河道堤坝修筑之困难，渡槽暗涵倒吸虹情况之复杂，重重山脉与沿途铁路、公路、光缆交错之繁复，所涉及河道与文物保护责任之重大，征地拆迁与移民迁安矛盾之重重，都远远超过中国历史上完成的任何一项水利工程。在这场攻坚战役中，在党中央的领导下，在各个部门的紧密配合下，几代南水北调人经过艰苦奋斗和不懈努力取得了历史性成就。

二、艰苦奋斗是南水北调人的优良传统和作风

自2002年国务院正式批复《南水北调工程总体规划》起，几十万南水北调建设大军开启了战天斗地的工作状态。南水北调工程建设委员会专家委员会充分发挥“智库”职能，如郑守仁、钱七虎、陈厚群、汪易森等大师和专家，全然忘记了高龄，积极参与到“把脉问诊”重大事项全过程。涉及关键工程重大技术创新，皆由专家委审查，指导技术攻关，相继攻克了中线穿黄工程、膨胀土、高填方等一道道世界级技术难题。为了南水北调丹江口库

区34.5万移民移得出、稳得住、能发展、快致富，河南和湖北两省移民干部和移民群众用热血和汗水创造了我国水利移民史上的奇迹：4年任务2年完成。方城6标项目经理陈建国面对亲人相继离世，他默默承受，带着75岁的父亲住到工地。左肩扛起工程，右肩扛起亲情，忘我奉献，善于创新，标段进度质量安全多次名列前茅，先后获得“感动中原十大人物”“全国五一劳动奖章”等荣誉称号。因此，“艰辛”成了南水北调工作者的日常写照，他们将自己的工作时间形象地描述为“四加二”“白加黑”，数月乃至数年无法归家。然而，为了将这一国家级重点工程高质量地建设完成，他们义不容辞地肩负起责任，倾注全部心力，忘我地投身于南水北调的建设管理、移民安置、生态保护等各个工作领域。在一代又一代南水北调人的不懈努力下，从项目论证设计到最终建成通水，他们接力传递着对工程的执着与追求，最终使这一宏伟的国家工程得以实现。

三、艰苦奋斗是中国共产党领导下的百年治水历史的精神之源

艰苦奋斗的精神，不仅在中国共产党领导的治水历程中熠熠生辉，更是贯穿了中华民族发展壮大的每一个重要时刻。它如同一股不竭的力量源泉，激励着一代又一代中华儿女，在面对自然灾害、贫困挑战以及社会变革时，始终保持着坚韧不拔的意志和勇往直前的决心。回望历史长河，从大禹治水的传说开始，中华民族便展现出了与洪水抗争、保护家园的顽强精神。这种精神，在中国共产党领导下，得到了更加系统、科学的传承与发展。新中国成立后，面对江河湖泊频繁泛滥的严峻形势，党领导人民开展了大规模的水利建设，从修建水库、整治河道到防洪排涝、兴修灌溉，

包括南水北调工程在内的每一项工程都凝聚着无数建设者的心血与汗水。他们以苦为乐，以苦为荣，用实际行动诠释了艰苦奋斗的真谛。

进入新时代，随着经济社会的发展和人民生活水平的提高，水利工作面临着新的机遇与挑战。但无论时代如何变迁，艰苦奋斗的精神始终是推动南水北调工程后续高质量发展不断前进的强大动力。在生态文明建设、乡村振兴、城乡融合发展等国家重大战略中，南水北调工程都发挥着重要的作用。南水北调人继续发扬艰苦奋斗精神，勇攀科技高峰，创新治水理念，不断提升水利工程的科学性、合理性和可持续性，为保障国家水安全、促进经济社会可持续发展作出了重要贡献。

展望未来，面对全球气候变化、水资源短缺等全球性挑战，中国水利事业仍需继续弘扬艰苦奋斗精神。我们要坚持绿色发展理念，加强水资源节约集约利用和保护，推动水生态文明建设；要深化水利科技创新，提高治水兴水能力水平；要加强国际合作与交流，共同应对全球性水挑战。只有这样，我们才能在新时代的征程上续写水利事业的辉煌篇章，为实现中华民族伟大复兴的中国梦贡献力量。

第五节 “创新求精”的故事

“创新求精”这一理念深刻揭示了南水北调工程在“如何建”的进程中，所面对的技术挑战与质量要求的双重考验的故事。其中，“创新”作为攻克一流工程建设中技术瓶颈的关键策略，是推动项目顺利进行的重要法宝；而“求精”则是对工程品质不懈追求的体现，是确保最终成果成为精品工程不可或缺的重要保证。

2010 年 10 月，李克强同志强调：“质量是南水北调工程的生命，容不得一丝疏忽，要始终把质量作为工程建设的核心任务，全面加强质量管理，努力把工程建设成为一流工程、精品工程、人民群众放心的工程。”① 60 多年来，为严把工程质量关，南水北调工程经历了 50 年充分民主论证，近百次国家层面会议，50 多个方案科学比选，24 个国家科研设计单位和沿线 44 个地方跨学科、跨部门、跨地区联合研究，110 多名院士献计献策。

一、创新是建设一流工程的不竭动力

东中线一期工程在建设过程中面对诸多世界级的技术挑战，为了有效应对并解决这些难题，国务院特别设立了南水北调工程建设委员会以及专家委员会。专家委员会在整个过程中深度参与，负责为工程技术难题提供指导与决策支持。还集中了全国高校院所和科研单位的力量，把工程建设施工技术难题列为国家重点科研攻关项目，合力攻关，扫平障碍。南水北调工程在此过程中，成功取得了涵盖新产品、新材料、新工艺、新装置及计算机软件等在内的一系列科技成果。工程团队已完成了共计 13 项专用技术标准的制定工作，其中包括但不限于丹江口水利枢纽混凝土坝加高施工技术规定与质量标准、渠道混凝土衬砌机械化施工技术规程，以及渠道混凝土衬砌机械化施工质量评定验收标准等。此外，工程团队还积极申请并获得了数十项国内专利，涉及重力坝加高后新老混凝土结合面

① 《李克强：南水北调工程质量容不得一丝疏忽》，载中国新闻网，https://www.chinanews.com.cn/gn/2010/10－09/2576161.shtml。

防裂方法、长斜坡振动滑模成型机、电动滚筒混凝土衬砌机，以及电化学沉积方法修复混凝土裂缝的装置等多个领域。这些科研成果的部分成果已被有效应用于工程设计与施工过程中，显著提升了工程质量和施工进度。值得注意的是，南水北调工程的科技研究还取得了多项国家与省部级科技奖项的认可。例如，大型渠道混凝土机械化衬砌成型技术与设备荣获了国家科技进步奖二等奖；低扬程水泵选型关键技术及应用研究获得了大禹水利科学技术奖二等奖；淮安四站泵送混凝土防裂方法研究与应用项目荣获了水利部大禹水利科学技术三等奖；PCCP 输水阻力试验研究同样获得了水利部大禹水利科学技术奖三等奖；中线一期工程长距离调配与运行研究荣获了教育部科技进步一等奖。这些荣誉不仅是对南水北调工程科技研发实力的肯定，也是对未来继续推动技术创新和工程质量的重要激励。

二、求精是建成精品工程的重要保证

求精是建成精品工程的重要保证。在打造精品工程方面，南水北调人更是精益求精、匠人情怀。在南水北调中线，为保证工程质量、打造精品工程，中线建管局联合相关科研机构、高等院校、设计单位共同开展科研攻关。该系列科技项目涵盖了多个重要领域，具体包括“十一五”国家科技支撑计划中的“复杂地质条件下中线穿黄隧洞工程关键技术研究”“膨胀土地段渠道破坏机理及处理技术研究”“大流量预应力渡槽设计和施工技术研究”“超大口径 PCCP 结构安全与质量控制研究”“中线工程输水能力与冰害防治技术研究”“工程建设与调度管理决策支持技术研究”等课题，以及“十二五”国家科技支撑计划应急启动项目中的“南水北调中线工程膨胀土和高填方渠道建设关键技术研究与示范”。这些项目总计达数十项，均针对国家重大工程需求，致力于解决关键技术难题，提升工程建设与管理水平。当前，中线工程北京段的西四环暗涵工程段已成功将地铁结构的最大沉降值严格控制在不足3毫米的范围内，这一成就显著超越了国际公认的7毫米标准，彰显了极高的工程技术水平。同时，北京段的PCCP管道从初期的规划设计与后期的建设安装，均遵循了最为严苛的质量标准，并配备了最为专业的监测系统，这一系列举措深刻体现了在构建南水北调这一精品工程时，所秉持的精益求精的工匠精神和高度负责的责任感。

三、创新求精是工匠精神的生动实践

创新求精是工匠精神的生动实践。在南水北调工程中，创新不仅是推动技术进步的关键，更是实现工程精品化的必由之路。为了确保工程的先进性和可靠性，南水北调人不断探索新技术、新工艺、新材料的应用，力求在每一个细节上都达到最佳状态。

例如，在渠道防渗技术方面，科研人员通过大量实验和现场试验，成功研发出一种新型的防渗材料，其防渗效果显著优于传统材料，大大降低了渠道渗漏的风险。此外，为了应对复杂地质条件下的施工难题，工程团队采用了先进的地质雷达探测技术，对地下情况进行精确探测，确保了施工安全和工程质量。在信息化管理方面，南水北调工程也走在了前列。通过建立智能化的监控系统，实现了对工程运行状态的实时监控和数据分析，为工程的高效运行提供了有力保障。同时，通过引入BIM（建筑信息模型）技术，工程设计和施工过程中的信息共享和协同工作得到了极大提升，有效避免了设计与施工之间的误差，确保了工程的精准实施。在施工工艺上，南水北调工程同样注重创新。例如，在混凝土浇筑过程中，采用了先进的温控技术，有效控制了混凝土的温度应力，防止了裂缝的产生。在大型渡槽的安装过程中，通过研发专用的吊装设备和工艺，确保了结构的稳定性和安全性。

正是这种不断创新、追求卓越的工匠精神，使得南水北调工程不仅在技术上达到了国际先进水平，更在质量上树立了行业标杆。南水北调人用实际行动诠释了创新求精的工匠精神，为我国乃至世界水利工程的建设提供了宝贵的经验和示范。

第六节　“利在千秋”的故事

中国的南水北调工程，是一项具有深远战略意义的重大基础设施，它的意义不仅仅在于当代，更在于千秋万代。这项工程在优化我国水资源的配置上起到了至关重要的作用，它保障了广大人民群众的饮水安全，恢复了河湖的生态环境，同时也为我国南北经济的循环发展提供了强有力的支撑，成为连接我国南北的生命线和大动脉。南水北调工程的实施，对我国北方地区的供水格局产生了深远的影响，并显著推动了受水区河湖生态环境的积极恢复。该工程不仅在经济、社会层面取得了显著的成效，还带来了广泛的生态效益，彰显了其在国家水资源调配与生态环境保护中的重要作用。

一、南水北调是沿线居民重要的“生活水”

南水北调工程对于沿线的居民而言，具有至关重要的意义，它被视为一条不可或缺的生命线，即所谓的“生活水”。这项宏伟的水利工程不仅极大地提高了沿线居民的生活用水质量，还为当地的河流和地下水系统注入了丰富的水资源。通过这种方式，南水北调工程有效地遏制了地下水位的过度下降，从而缓解了水资源短缺所带来的负面影响。此外，它还对改善和恢复水生态环境起到了积极的作用，遏制了水土流失和水质污染等问题，进一步提升了沿线居民的生活质量。因此，南水北调工程不仅仅是一项基础设施建设，更是沿线居民赖以生存的重要保障，成了他们生活中不可或缺的一部分。

具体来说，南水北调工程的实施，使得原本水资源匮乏的北方地区得到了大量的南方水资源补充。这不仅解决了居民日常生活中用水的燃眉之急，还为农业灌溉、工业生产和城市供水提供了坚实的保障。在这一过程中，沿线的许多河流得到了重新焕发活力的机会，原本干涸的河床再次流淌着清澈的河水，地下水位也逐渐回升，有效缓解了地面沉降等环境问题。与此同时，南水北调工程还促进了沿线地区的经济发展，为当地居民创造了更多的就业机会，提高了他们的收入水平，从而进一步改善了他们的生活质量。

在生态环境方面，南水北调工程的实施也带来了显著的改善。通过引入南方的优质水资源，北方地区的水生态环境得到了有效修复，一些曾经濒临灭绝的水生生物重新获得了生存的空间。水质的改善也使得居民能够享受到更加健康的生活环境，减少了因水质问题引发的健康风险。此外，南水北调工程还通过科学的调度和管理，实现了水资源的合理分配和高效利用，为沿线地区的可持续发展奠定了坚实的基础。

总之，南水北调工程不仅仅是一项规模宏大的水利工程，更是沿线居民生活质量和生态环境改善的重要推动力。它不仅解决了北方地区长期面临的水资源短缺问题，还为当地居民带来了实实在在的福祉，成了他们生活中不可或缺的一部分。

二、南水北调是沿线城市的“生态水”

对于那些坐落在南水北调工程沿线的城市来说，这一规模宏大的水利工程无疑为它们带来了极其宝贵和重要的“生态水”。随着南水北调工程的顺利进行和有效实施，华北地区的水资源状况得到了显著的改善和提升。具体而言，通过替代过度开采的地下水、开展生态补水工程以及限制地下水的开采量等一系列措施，这些地区可利用的水资源量得到了大幅度的增加。这不仅有效缓解了水资源短缺的困境，还使得河流、湖泊和湿地的面积得到了显著的扩大和恢复。这一系列积极的变化，无疑为沿线城市提供了宝贵的“生态水”，极大地改善了当地的生态环境，提升了居民的生活质量，并为可持续发展奠定了坚实的基础。

南水北调工程的实施，不仅为沿线城市带来了丰富的水资源，还带来了诸多环境和社会效益。首先，通过这一工程，华北地区的水资源短缺问题得到了有效缓解，从而保障了居民的日常生活用水和工农业生产的需要。其次，河流、湖泊和湿地的面积扩大和恢复，不仅改善了当地的生态环境，还为野生动植物提供了更为广阔的栖息地，促进了生物多样性的保护。最后，水资源的合理调配和利用，还促进了水资源的可持续管理，为未来的水资源保护和利用提供了宝贵的经验和示范。

总之，南水北调工程的顺利推进和实施，为沿线城市带来了宝贵的“生态水”，极大地改善了当地的生态环境，提升了居民的生活质量，并为可持续发展奠定了坚实的基础。这一宏伟的水利工程不仅是一项重要的基础设施建设，更是对生态环境保护和水资源可持续利用的重要贡献。

三、南水北调是守护民心的“幸福水”

南水北调工程不仅仅是一项宏伟的水利工程，更是守护着亿万民众幸福生活的“甘泉”。以河南省的南水北调移民村为例，通过全面完善基础设施建设，积极发展绿色产业，成功地帮助了移民群众顺利地从旧居搬迁至新居，并在新环境中实现了稳定的生活。这些移民群众通过参与绿色产业的发展，不仅改善了生活条件，还实现了经济上的富裕，走出了一条具有水源区特色的生态优先、绿色发展的新道路。这无疑成了守护民心的“幸福水”，为当地居民带来了实实在在的福祉。

这一系列的改变和进步，不仅彰显了我国在水资源管理和环境保护方面的坚定决心和卓越智慧，还为我国的可持续发展注入了强大的动力。南水北调工程的实施，不仅解决了北方地区水资源短缺的问题，还促进了区域经济的均衡发展，提升了民众的生活质量。同时，这也充分展示了我国在重大基础设施建设方面的强大能力和非凡智慧，为全球其他国家和地区提供了宝贵的经验和借鉴。通过这一工程，我们不仅改善了生态环境，还促进了社会和谐，真正实现了人与自然的和谐共生。

第四章　新时代高校思政课讲好南水北调故事的原则和要义

南水北调工程不仅仅是一个宏伟的水利工程，它还承载着丰富的精神内涵和教育价值。因此，将南水北调故事融入高校思政课的教学中，对于推动课程的内涵式发展具有极其重要的意义。通过讲述南水北调故事，可以传承和弘扬中华优秀传统文化，深入阐释中国故事的深刻内涵，同时为培养担当民族复兴大任的时代新人提供有力支持。

在新时代背景下，高校思政课如何有效地讲述南水北调故事，以发挥其在教育中的积极作用呢？首先，我们需要在总结过往教学经验的基础上，科学地处理马克思主义理论与南水北调故事之间的关系。我们要确保在思政课教学中，南水北调故事的讲述既符合政治正确性，又保持学术的严谨性。其次，我们要推动南水北调故事的创新性转化与发展，深入挖掘其深远的意义和价值，以实现故事中所蕴含的人文精神与时代进步的和谐统一。同时，我们要精准把握故事在思政课教学中的深度与广度，强调其与思政课教学目标的高度一致性，确保故事的讲述能够有效地服务于教学目标的实现。

此外，基于高校立德树人的根本任务，我们应积极推动南水北调故事与思政课教学的深度融合，坚持理论与实践相结合的原则。

在马克思主义理论的指导下，充分发挥思政课教师的主导作用，依托具体的教学案例，围绕时代背景、教学内容和目标，研究和挖掘具有典型性、问题性、价值导向性和渗透性的南水北调故事案例。通过这些案例的深入分析和讨论，可以更有效地将南水北调故事融入高校思政课的教学实践中，使学生在学习知识的同时，能够深刻理解南水北调工程背后所蕴含的精神价值，从而更好地培养他们的社会责任感和历史使命感。

第一节　新时代高校思政课讲好南水北调故事的基本原则

在新时代的背景下，高校思政课要想讲好南水北调故事，要求我们不仅要关注南水北调工程的表面成就，更要深入探究其背后的历史背景、科学原理、社会影响以及给人民群众生活带来的深远变化。通过对这些方面的深入研究，我们可以更好地理解南水北调工程的伟大意义，从而在思想政治课程中更加生动、具体地讲述这一故事。要将南水北调故事与思想政治课程的教学内容有机结合起来。这意味着我们需要在课程设计中巧妙地融入南水北调的相关内容，使其成为课程的一部分，而不是简单的附加或插曲。通过这种结合，学生可以在学习其他思想政治知识的同时，潜移默化地接受南水北调精神的熏陶。这些原则是深入挖掘南水北调故事中所蕴含的丰富育人资源的关键所在，有助于提升高校思政课在立德树人方面的实际成效。同时，还要我们在高校思政课中巧妙地运用南水北调故事，使其成为激发学生思考、讨论和实践的工具。例如，可以通过案例分析、角色扮演、实地考察等方式，让学生在亲身参与中体验南水北调工程的伟大，从而更好地理解和传承南水北调精神。总之，这些内容的贯彻都需要贯彻一定的原则，这才能确保南水北调精神在高校思政理教学中得到真正弘扬，并成为发挥高校思政课在树立文化自信和培养新时代人才中主导作用的坚实保障。

一、创新性原则

在高校思政课中，讲好南水北调故事，并对其实施“创造性转化”，意味着教师们应当结合新时代的特征和社会发展的需求，对那些能够有效发挥教育功能的南水北调故事进行改造，赋予其鲜明的时代特色，使之与当代社会相协调，同时释放出这些故事固有的文化魅力。而“创新性发展”则指的是在课堂教学中不断强化南水北调故事的影响力、感召力和吸引力，丰富和发展故事的内涵，促进其与时俱进，确保故事持续散发出文化魅力，并打上新时代的烙印，使其在教学中不断焕发出新的思想光辉。可以认为，“创造性转化”是“创新性发展”的基础，“创新性发展”是“创造性转化”的方向，两者之间具有高度的内在一致性。

首先，高校思政课讲好南水北调故事，必须坚持在马克思主义理论的指导下，用时代精神激发这些故事的生命力。教师们应将坚持马克思主义与弘扬南水北调故事相结合，坚定不移地走中国特色社会主义道路。对于思政课教师而言，运用马克思主义的立场、观点和方法来改造南水北调故事是至关重要的。一方面，教师们要引导学生认识到南水北调故事中所体现的人民至上、协作共享、艰苦奋斗、创新求精、舍家为国等核心价值，这些价值具有跨越时空的永恒意义，需要我们在当代继续传承和弘扬；另一方面，教师们还需教育青年大学生，在新时代背景下，我们不应过分夸大南水北调故事的作用，而应以科学的世界观和方法论来审视其意义和价值，推陈出新，使其在今天发挥应有的作用。

其次，高校思政课要讲好南水北调故事，必须立足于当下，注重挖掘故事对现实问题的回应和价值，不断焕发时代活力。历史表明，过去的文化传统能否持续传承，根本上取决于其是否具有时代价值，是否能够回应时代的需求并有助于塑造时代精神。青年大学生是时代问题最敏感的群体，南水北调故事能否在思政课中获得学生的回应和认可，关键在于教师如何展现故事的时代风貌和价值。

最后，高校思政课要讲好南水北调故事，应面向未来，以文化自信推动故事的发展和繁荣。培养青年大学生树立“四个自信”是高校思政课的重要任务，其中“文化自信”是最基础、最广泛、最深厚的自信。青年大学生拥有文化自信，意味着在深刻理解南水北调故事所蕴含的民族自我认同和精神价值的基础上，不断增强中华民族树立文化自信的信心和决心，从而促进中华文化和中华文明的复兴。同时，在当今世界和平发展、互惠共赢的背景下，我们应不断彰显并释放南水北调故事的价值和魅力，使青年大学生成为中华文化发展的重要传承者。在这个过程中，思政课是主要渠道，教师们要坚守文化立场，用南水北调故事滋养和引领青年一代的思想和精神，使他们以使命感和担当精神立足于当代中国的发展。

需要指出的是，在思政课的教学过程中，对南水北调故事进行创造性转化和创新性发展，还需要教师们能够运用当代的语言对故事进行重新诠释，以青年大学生喜闻乐见的方式展现故事的新面貌。只有教师们善于运用当代中国的话语对南水北调故事进行重新解读，才能使这些故事活跃在新时代青年大学生的学习和生活中，并在潜移默化中让他们认识到故事的时代意义和价值。

总之，高校思政课讲好南水北调故事，必须坚持对故事进行创造性转化和创新性发展，确保其持续具有生动性和有效性。可以认为，不断创新发展是南水北调故事融入高校思政课的重要方向。教师们应以马克思主义理论为指导，结合新时代特征和社会需求，对南水北调故事进行改造，赋予其鲜明的时代特色，使之与当代社会相协调，同时释放出这些故事固有的文化魅力。在课堂教学中，教师们应不断强化南水北调故事的影响力、感召力和吸引力，丰富和发展故事的内涵，促进其与时俱进，确保故事持续散发出文化魅力，并打上新时代的烙印，使其在教学中不断焕发出新的思想光辉。教师们应坚持马克思主义与弘扬南水北调故事相结合，坚定不移地走中国特色社会主义道路，运用马克思主义的立场、观点和方法来改造南水北调故事，引导学生认识到故事中所体现的核心价值，并以科学的世界观和方法论来审视其意义和价值，推陈出新，使其在今天发挥应有的作用。教师们还应立足于当下，注重挖掘故事对现实问题的回应和价值，不断焕发时代活力，展现故事的时代风貌和价值，以回应时代的需求并有助于塑造时代精神。同时，教师们应面向未来，以文化自信推动故事的新发展和繁荣，培养青年大学生树立“四个自信”，特别是文化自信，增强中华民族树立文化自信的信心和决心，促进中华文化和中华文明的复兴。在思政课的教学过程中，教师们还需要运用当代的语言对故事进行重新诠释，以青年大学生喜闻乐见的方式展现故事的新面貌，使这些故事活跃在新时代青年大学生的学习和生活中，并在潜移默化中让他们认识到故事的时代意义和价值。总之，不断创新发展是南水北调故事融入高校思政课的重要方向。

二、深度性原则

在新时代的背景下，高校思政课讲好南水北调故事，要注重其在课程中的深度与广度。教师们需要基于对南水北调故事深刻内涵和价值作用的准确理解，精心挑选和运用教学资源，创新性地将南水北调故事融入思想政治课程。通过这种方式，南水北调故事不仅作为教学资源，还能转化为教学内容，真正融入教材、课堂和学生的思维之中。

一方面，教师们应当深入挖掘南水北调故事在思想政治课教学中的深度，实现其在高校思想政治课教学中的精耕细作。为了达到这一目标，教师们需要采取一系列具体而有效的措施。具体来说，教师们应当从南水北调故事的丰富内容出发，结合教材体系和教学目标，从理论、道德和实践三个不同的视域，将这些故事巧妙地融入课程之中。在理论视域，教师们应当重点选择那些与马克思主义理论相契合的南水北调故事内容，通过这些故事来不断强化马克思主义中国化的理论支撑。同时，教师们要与时俱进，积极挖掘南水北调故事与习近平新时代中国特色社会主义思想的契合点，推动故事的创造性转化和创新性发展，从而增强其对马克思主义中国化故事的支撑力度。在道德视域，教师们应当重点选择那些能够推进社会主义核心价值观教育的南水北调故事内容，通过这些故事来引导青年大学生树立正确的世界观、人生观和价值观。在实践视域，教师们应当选择那些关于立德树人、以文化人的重要内容，通过这些故事来培育能够担当民族复兴大任的时代新人。高校思想政治课的根本任务是立德树人，增强青年大学生在新时代的使命感，而南水北调故事在这方面提供了丰富的教学资源。通过这些故事，教师们可以生动地展示中国共产党领导下的伟大工程，激发学生们的爱国热情和奋斗精神，帮助他们更好地理解和践行社会主义核心价值观。

为了进一步深化南水北调故事在思想政治课中的应用，教师们可以采取以下措施。首先，教师们应当深入研究南水北调工程的历史背景、发展过程以及其在当代中国社会中的意义，从而更好地把握故事的内涵和精神实质。其次，教师们可以组织学生进行实地考察和调研，让学生们亲身体验南水北调工程的伟大成就，增强他们的感性认识。此外，教师们还可以通过课堂讨论、案例分析、角色扮演等多种教学方法，使南水北调故事更加生动有趣，提高学生的学习兴趣和参与度。同时，教师们应当注重培养学生的批判性思维，引导他们从不同角度分析南水北调故事，从而深化对社会主义核心价值观的理解。最后，教师们应当充分利用现代信息技术，如多媒体教学、网络课程等，将南水北调故事以更加直观、生动的方式呈现给学生，使他们在轻松愉快的氛围中接受思想政治教育。通过这些措施，教师们可以更好地将南水北调故事融入思想政治课教学，实现其在高校思想政治教育中的深度应用，为培养具有社会责任感和历史使命感的青年大学生做出积极贡献。

另一方面，教师们应当更加深入地挖掘南水北调故事在高校思想政治课教学中的广泛意义，努力实现其在高校思想政治课教学中的全方位普及，从而产生更加深远的影响。将南水北调故事融入思想政治课的课堂，需要六门思想政治课程的协同推进，无论是在教学内容的选择上还是在教学目标的设定上，都具有将南水北调故事融入课程中的可行性和实践性。教师们应当结合本课程的教学内容，深入思考并找出可以运用南水北调故事的重要方面。例如，在“习近平新时代中国特色社会主义思想概论”课中，教师们要讲清楚

“六个必须坚持”的理论内涵、思想方法和实践意义，这些内容为南水北调东中线一期工程建设提供了基本路径，同时也为推进南水北调后续工程高质量发展提供了基本遵循。在“思想道德与法治”课程中，教师们可以利用南水北调故事来清晰地阐述爱国主义的内涵以及培育和践行社会主义核心价值观的重要性。在“中国近现代史纲要”课程中，教师们可以借助南水北调故事来展现社会主义革命、建设、改革时期的历史画卷，从而体现中华民族从站起来、富起来到强起来的伟大意义。在“马克思主义基本原理概论”课程中，教师们可以利用南水北调故事帮助青年大学生解读马克思主义的基本立场和观点，从而加强对马克思主义基本原理的理解。在“毛泽东思想和中国特色社会主义理论体系概论”课程中，教师们可以以南水北调故事为引导，帮助学生了解其与革命文化、社会主义先进文化的辩证关系，增强新时代中国特色社会主义现代化建设的文化自信，深刻解读习近平新时代中国特色社会主义思想所蕴含的南水北调故事的内涵等。“形势与政策”课要讲好新时代坐标下大国工程的巨大经济、社会和生态效益，引导学生深入体会大国工程功在当代、利在千秋的故事。通过上述课程的全方位覆盖，实现南水北调故事在思想政治课的“无孔不入”，让其成为学生学习和思考的重要内容，从而在新时代的高校思想政治教育中发挥出更大的作用。教师们应当在教学过程中不断探索和创新，将南水北调故事与课程内容紧密结合，使学生在学习过程中能够深刻理解南水北调工程的重大意义，从而激发他们的爱国情怀和社会责任感。同时，教师们还应当注重培养学生的实践能力，引导他们将所学知识运用到实际生活中，为国家的发展贡献自己的力量。只有这样，南水北调故事才能在思想政治课中发挥出更大的教育价值，为培养新时代的优秀人才做出更大的贡献。值得关注的是，高校思政课讲好南水北调故事，应当把握好“度”与“效”的关系，要在充分发挥思政课在立德树人方面主渠道的基础上，恰当地掌握挖掘、阐释、融入的“度”，确保一切恰到好处，力求实现最佳的育人效果。

三、需求性原则

习近平总书记在高校思政课教师座谈会上指出，新时代贯彻党的教育方针，要“坚持马克思主义指导地位，贯彻新时代中国特色社会主义思想，坚持社会主义办学方向，落实立德树人的根本任务”①。推动南水北调故事融入高校思政课教学，需紧密围绕时代与国家发展需求，致力于培养德智体美劳全面发展的社会主义建设者与接班人，特别是那些勇于担当民族复兴大任的时代新人。青年时期，作为大学生人生发展的“拔节孕穗期”，正是铸魂育人的关键阶段。高校思政课的重要目标之一，便是培育一代又一代青年大学生，使他们树立良好的道德品质。

南水北调故事，犹如一条蜿蜒的巨龙，穿越了千年的历史长河，不仅是中国水利史上的奇迹，更是蕴含了深厚且丰富的文化教育内涵的瑰宝。这一宏大工程，不仅在技术层面上展现了人类智慧的结晶，更在精神层面上，为我们提供了关于历史文化教育、实践文化教育以及道德文化教育的深刻启示。在历史文化教育的维度上，南水北调工程不仅仅是一项水利工程，它贯穿起一部活生生的历史教科书。从古代的运河开凿，到现代的跨流域调水，这一历程见证了中华民族与自然环境的和谐共生。它让我们深刻认识到，水是生命

---

① 教育部课题组：《深入学习习近平关于教育的重要论述》，人民出版社 2019 年版，“序言”第 2 页。

之源，是文明发展的基础。同时，南水北调工程还承载着丰富的历史文化，如沿途的古迹、民俗、传说等，这些都是中华民族悠久历史和灿烂文化的见证。高校在将南水北调故事融入思政课程时，可以通过讲述这些历史故事，让学生深入了解中华民族的历史脉络和文化传承，从而增强他们的文化自信和民族自豪感。在实践文化教育的维度上，南水北调工程展现了人类勇于实践、敢于创新的精神风貌。这一工程的实施，需要克服无数的技术难题和自然障碍，需要无数建设者的辛勤付出和无私奉献。这种实践精神，正是新时代青年所应具备的品质。在高校思政课中，可以通过介绍南水北调工程的实施过程、技术突破以及建设者的感人事迹，引导学生树立实践第一的观念，培养他们的创新精神和实践能力。同时，还可以通过组织实地考察、社会实践等活动，让学生亲身体验南水北调工程的伟大成就和艰辛历程，从而激发他们的爱国热情和奋斗精神。在道德文化教育的维度上，南水北调工程传递了立德修身、实践治世的道德理念。这一工程不仅解决了北方地区的缺水问题，还促进了区域间的经济交流和文化融合。它告诉我们，只有心怀大局、勇于担当的人，才能为社会作出更大的贡献。高校在思政课程中，可以通过分析南水北调工程所蕴含的道德观念和价值追求，引导学生树立正确的世界观、人生观和价值观。同时，还可以通过开展主题教育、志愿服务等活动，让学生在实际行动中践行这些道德观念和价值追求，从而培养他们的社会责任感和奉献精神。

所以，南水北调故事不仅是水利工程的典范，更是文化教育的宝库。高校在将南水北调故事融入思政课程时，应坚守正确的价值导向，以立德树人为核心使命，紧密围绕时代与国家的发展需求，精心选取与培养具备爱国主义情怀、有真才实学、勇于担当的新时代青年相契合的教育素材。只有这样，我们才能更好地发挥南水北调故事的教育价值，为培育新时代青年贡献智慧和力量。

首先，要围绕培育青年大学生爱国主义的视角，重点选取南水北调故事中的爱国主义思想资源。习近平总书记指出："在中华民族几千年绵延发展的历史长河中，爱国主义始终是激昂的主旋律，始终是激励我国各族人民自强不息的强大力量。"[①] 在中华民族悠久的历史长河中，有一种精神如同璀璨星辰，始终照亮着前行的道路，那就是"国而忘家，公而忘私"的奉献精神。这种精神，犹如高山之巅的磐石，坚定不移，指引着无数青年大学生将个人的理想融入国家的发展之中。它不仅仅是一种简单的情感表达，更是对国家和民族深沉的责任感和使命感的体现。在新时代背景下，高校思政课作为传承和弘扬爱国主义精神的重要阵地，更应该深入挖掘爱国主义内涵，为新时代爱国主义教育注入深厚的文化底蕴。我们可以通过讲述南水北调人物的故事、展示国家发展的辉煌成就、剖析国家面临的挑战和机遇等方式，引导青年大学生深刻认识爱国主义的本质和内涵，激发他们的爱国热情和民族自豪感。同时，思政课还应该注重培养青年大学生的社会责任感和担当精神。我们可以通过组织社会实践活动、开展志愿服务活动等方式，让青年大学生走出校园、深入社会、了解国情民情，增强他们的社会责任感和担当精神。只有这样，我们才能培养出更多具有爱国主义情怀和社会责任感的青年大学生，为国家的繁荣富强贡献自己的力量。

其次，在当今这个日新月异的时代，青年大学生作为国家未来的中流砥柱，其能力与素养的培养显得尤为重要。为了更好地适应新时代的需求，我们不仅要注重知识的传授，更要注重精神层面的塑造与提升。在这一背景下，南水北调工程这一宏伟的大国工程，

① 习近平：《论党的青年工作》，中央文献出版社 2022 年版，第 42 页。

其背后蕴含的丰富精神资源，无疑为青年大学生的成长提供了宝贵的借鉴与启示。我们应当深入挖掘南水北调工程中那些关于学习与做人、立足社会、理论与实践相结合、专业敬业与团队合作等核心故事。这些故事不仅仅是工程的记录，更是中华民族优秀精神的生动体现。例如，在工程的实施过程中，无数工程师和技术人员夜以继日地奋战在工地上，他们不仅展现了高超的专业技能，更体现了自强不息、敬业诚信的崇高精神。这种精神，如同一股清泉，滋润着青年大学生的心田，引导他们树立正确的价值观和人生观，勇于面对挑战，积极投身社会实践。此外，南水北调工程还蕴含着丰富的修身养性等精神资源。这些精神，对于青年大学生的成长同样具有重要意义。在工程的实施过程中，难免会遇到各种困难和挫折，但正是这些经历，让参与者学会了坚韧不拔、勇于担当。他们深知只有不断反思自我，勇于改正错误才能不断前行。这种精神，无疑为青年大学生提供了宝贵的人生经验，激励着他们在未来的道路上不断追求卓越，实现自我价值。在高等教育中，高校思政课应当成为传承和弘扬南水北调精神的重要阵地。教师可以通过深入探究南水北调故事中的精神实质，将其巧妙地融入教学之中，使青年大学生在感悟中获得力量。例如，可以组织学生观看相关纪录片、邀请工程参与者进行讲座交流等，让学生近距离感受南水北调工程的伟大与艰辛，从而激发他们的爱国热情和使命感。同时，教师还可以引导学生将南水北调精神转化为推动自我行动的强大动力，鼓励他们积极参与社会实践，为实现中华民族伟大复兴贡献自己的力量。

最后，我们应当特别注重从南水北调工程的实践中提炼出关于使命、责任、无私奉献和勇于实践的思想资源。这些资源不仅具有深厚的历史底蕴和文化内涵，更蕴含着强烈的时代感和现实针对性。它们所体现的担当精神、济世情怀以及不屈不挠的勇气，是激发青年大学生增强使命感和责任感的重要源泉。高校思想政治课教师应当精心挑选并充分利用这些教学资源，采用贴近学生、深受学生欢迎的方式进行教学。例如，可以通过案例分析、角色扮演等形式，让学生在模拟情境中感受南水北调精神的力量；还可以组织学生参与志愿服务等社会实践活动，让他们在实践中践行南水北调精神，成为推动中华民族伟大复兴的坚定实践者。

总之，南水北调工程不仅是一项伟大的国家工程，更是一座丰富的精神宝库。我们应当深入挖掘其背后的精神资源，将其融入高等教育之中，为培养新时代青年人才贡献力量。只有这样，我们才能培养出更多具有高尚品德、扎实学识、创新能力和国际视野的青年才俊，为实现中华民族伟大复兴的中国梦奠定坚实的基础。

四、主导性与主体性相统一的原则

在将南水北调故事融入高校思政课中，必须充分考虑青年大学生的实际需求，以符合他们的认知特征和认知规律。“00 后”的青年大学正处在充满活力、独立意识逐渐觉醒的成长阶段，尤其对于理论性问题有着自己的见解，并期望在课堂学习中深化对这些问题的理解。他们的特点主要体现在以下几个方面：首先，他们具有强烈的创新意识和鲜明的个性。受到网络新媒体思维的影响，“00 后”大学生思想活跃，展现出卓越的创新思维能力，同时追求个性化的生活方式，注重个人情感体验和价值实现。其次，他们对新情况保持高度关注，但在系统理论思维框架方面尚显不足。“00 后”大学生对社会热点问题表现出极大的热情，但往往只停留在问题的表面，缺乏对问题本质的深刻理解和系统认识。最后，他们学习能力强，但解决问题的能力有待提高。“00 后”大学生具有强烈的自主学习愿望和高效的知识获取能力，表现出学习的自主性和明确的学习目标与态度，追求深入学习，但在发现、分析和解决问题方面的能力尚显不足，尤其渴望通过理论学习来指导实践。鉴于此，将南水北调故事融入高校思政课中，应当坚持教师主导和学生需求相统一，推动这些故事进入课堂和学生的心灵。要基于当前学情与教情的现状，对南水北调故事进行更为深入的学理剖析，挖掘其背后的深刻内涵与时代价值，从而让学生在理论学习与实践感悟中，真切感受到这一工程所承载的中国精神与文化魅力。必须在回应和满足学生需求的基础上，通过充分展现南水北调故事的独特思想魅力和精神价值，提升南水北调工程故事的生命力、吸引力和感染力。

第一，深化学理剖析，强化深度解读。南水北调工程，作为跨世纪的水利壮举，其背后蕴含着丰富的哲学思想、科学精神和人文情怀。我们需要从多个维度出发，如工程规划的科学性、水资源管理的创新性、生态保护的平衡性等方面，进行深入剖析。通过引用国内外学者的研究成果，如水利专家对工程技术的精准分析、历史学家对水利文化变迁的深刻洞察，以及环境学者对生态保护策略的独到见解，我们可以为学生呈现一个全面、立体、生动的南水北调故事。同时，结合马克思主义理论，引导学生对这一工程进行理论反思，理解其在国家发展、社会进步、人民福祉等方面的重大意义，从而增强学生的认同感与自豪感。

第二，融合多学科知识，提升教学深度。在思政课教学中，我们应巧妙融合当代哲学、自然科学、社会科学等多学科知识，构建跨学科的教学体系。例如，可以通过引入生态学原理，讲解南水北调工程在维护生态平衡、促进可持续发展方面的作用；通过经济学视角，分析工程投资与效益的辩证关系；通过社会学理论，探讨工程对沿线地区社会结构、文化习俗的影响。这样的融合教学，不仅能够拓宽学生的知识视野，还能提升学生的综合素质，使他们在多学科的交叉融合中，深刻理解南水北调故事的时代价值与现实意义。

第三，创新教学方式，激发学习兴趣。针对学生对南水北调故事的现有认知，我们需要采用多样化的教学方式，如案例教学、小组讨论、实地考察等，以激发学生的学习兴趣和主动性。可以选取一些具有代表性的工程节点、受益地区或人物故事，进行深入的剖析与讨论。同时，借助多媒体教学手段，如视频、动画、虚拟现实（VR）等，让学生身临其境地感受工程的宏伟与艰辛。此外，还可以组织学生进行中西方文化对比学习，探讨不同国家在水资源管理、生态保护等方面的异同点，从而赋予南水北调故事新的时代价值和文化内涵。

第四，构建新时代话语体系，促进多维展现。在融入过程中，我们应注重语境与学科的融合，构建符合新时代的南水北调故事话语体系。这包括对新概念、新理论的引入与阐释，以及对传统概念的重新解读与升华。通过构建这样的话语体系，我们可以更好地促进知识、方法与价值的相互渗透，从多维度展现南水北调故事对青年大学生成长成才的现实意义及社会实践中的精神价值。例如，可以从工程伦理、生态伦理、社会责任等角度出发，引导学生深入思考南水北调工程所蕴含的道德价值与人文关怀；从国家战略、区域发展、国际合作等层面出发，分析工程在国家治理、区域协调、国际合作等方面的重要作用。

第五，激发主体意识，培养创新思维。我们需要充分激发学生的主体意识，培养其质疑与问题意识。通过创新思维教学，将南水北调故事与思政课教学思路相融合，引导学生主动思考、积极探索。可以鼓励学生就南水北调工程的相关问题提出自己的见解和解决方案；组织学生进行课题研究或社会实践活动，让他们在实践中感受南水北调故事的力量与魅力。同时，我们还可以运用南水北调故事解答社会热点问题，如水资源短缺、生态环境恶化等，引导学生关注社会现实、思考国家未来。通过这样的教学过程，我们可以进一步增强青年大学生的文化自信和社会责任感。

综上所述，将南水北调故事融入高校思政课是一项具有重要意义的工作。我们需要紧扣社会与国家发展需求，立足青年学生的主体性，通过深化学理剖析、融合多学科知识、创新教学方式、构建新时代话语体系以及激发主体意识等措施，有效转化南水北调故事为思政课资源，实现以文化人的育人目标。这样不仅能够提升学生的综合素质和文化素养，还能够为国家培养更多具有社会责任感、创新精神和国际视野的优秀人才。

第二节　新时代高校思政课讲好南水北调故事的基本要义

在我国的高等教育体系中，思政课扮演着至关重要的角色，其核心宗旨在于培养社会主义事业的建设者和接班人。这门课程深深扎根于中国的土壤之中，紧密地与中华民族伟大复兴的时代课题相呼应。鉴于这一崇高的使命，高校在进行思想政治课程教学时，必须深入挖掘和讲好南水北调这一伟大工程背后的故事，以此来传承和弘扬中华优秀传统文化。为了实现这一目标，高校思政课的教学必须坚守马克思主义的指导地位，同时紧紧围绕中国共产党的领导核心，在高校思政课教师的引领和指导下，我们应当努力构建一个“教材——案例——教学”三位一体的教学模式，通过这种模式来深化学生的思考与实践能力。具体而言，我们应当精心挑选和设计与南水北调工程相关的教学案例，将这些案例作为载体，将南水北调故事的核心价值和精神内涵融入课堂教学之中。通过这些生动、具体的案例，我们不仅能够使学生更加直观地理解南水北调工程的伟大意义，还能够激发他们对中国特色社会主义事业的认同感。此外，通过案例教学，我们能够更好地展现教学案例的价值，使学生在学习过程中能够深刻体会到案例教学在传承与发展中华优秀传统文化中的独特优势。这样不仅能够培养学生的理论素养，还能够增强他们的实践能力和创新精神，为他们将来成为社会主义事业的合格建设者和可靠接班人打下坚实的基础。

一、新时代高校思政课讲好南水北调故事的主要思路

为了将南水北调工程的历史与实践有效地融入高校思政课中，我们必须审慎处理教材内容、案例研究与教学方法之间的相互关系，将这三者有机地整合为一个统一的系统，以便在高校思政课中充分利用南水北调故事作为教学案例。审视当前思想政治课的教学成效，我们发现部分教师在运用南水北调故事进行教学时，未能自觉地结合马克思主义的世界观和方法论进行深入的分析和阐释，导致案例研究缺乏理论深度，仅停留在表层，未能触及教学内容的核心，从而无法达到案例教学的预期效果。部分教师在将南水北调工程的故事应用于思想政治课程时，未能有效地结合党和国家发展的历史脉络，进行有针对性的创新性转化和发展，未能恰当地选择和运用南水北调故事来阐释课堂教学内容，因此难以发挥案例作为解惑工具的作用，帮助学生深入理解和掌握所学知识。所以，我们迫切需要明确南水北调故事融入高校思想政治课程时，教材内容、案例研究与教学方法之间相互关系的基本思路。我们需要思考如何利用马克

思主义的世界观和方法论来指导教材内容的选择，并深入思考如何实现“教材—案例—教学”三位一体的整体教学策略，以确保南水北调故事在思政课教学中发挥其应有的实际效用。

为了实现这一目标，首先，我们必须对教材内容进行精心筛选和编排，确保其能够反映南水北调工程的历史意义和实践价值。教材内容应涵盖工程的背景、过程、成就以及对社会经济发展的深远影响，从而为案例研究提供丰富的素材。其次，在案例研究方面，教师应深入挖掘南水北调工程背后的历史背景和现实意义，结合马克思主义的理论框架，对工程的实施过程和取得的成果进行系统的分析和解读。通过这种方式，案例研究不仅能够揭示工程的表面现象，更能深入探讨其内在的规律和原理，从而提升案例教学的理论深度和实践价值。最后，在教学方法上，教师应采用多样化的教学手段，如讨论、辩论、角色扮演等，激发学生的兴趣和参与度，使他们在互动中深化对南水北调工程的理解。同时，教师还应注重将南水北调故事与党和国家发展的历史脉络相结合，引导学生从历史和现实的角度全面认识工程的意义，从而增强思想政治教育的针对性和实效性。通过这样的努力，我们能够确保南水北调故事在高校思政课中发挥其应有的作用，帮助学生树立正确的世界观、人生观和价值观，为培养具有社会责任感和历史使命感的社会主义建设者和接班人奠定坚实的基础。

一是精确定位教材。作为思政课教师，我们的职责是深入理解马克思主义的丰富内涵，包括其世界观和方法论，并据此对教材进行精确的定位。将南水北调故事融入高校思政课教学，其首要条件是精确性。面对非马克思主义理论专业的学生，我们的教学目标是确保他们能够准确地理解教材内容，把握其精神实质，并学会运用马克思主义的方法来分析和解决问题。将南水北调故事融入思政课程，正是为了实现这一教学目的。

为了达到理想的教学效果，我们必须以马克思主义的世界观和方法论为指导，系统地整理可以结合南水北调故事的教材知识点。首先，需要整合“思想道德与法治”“中国近代史纲要”“马克思主义基本原理概论”“毛泽东思想和中国特色社会主义理论体系概论”“习近平新时代中国特色社会主义思想概论”“形势与政策”这六门课程的内容，并制定一个统一的规划，以避免重复性问题。其次，要明确主次，避免形式主义，根据马克思主义的指导思想，结合思政课程的性质和教学目标，重点梳理教学内容。我们要在坚持立德树人的根本任务的同时，将南水北调故事融入思政课中，使这些故事与思想政治教育的规律相结合，利用其独特魅力吸引和感染学生。最后，我们必须结合实际情况。马克思主义能在中国扎根、开花结果，根本原因在于其“中国化”。这种“中国化”既体现在结合中国的国情和实际情况，也体现在与时俱进、与时代同步发展。同样，将南水北调故事融入高校思政课教学，也必须结合实际。我们要将南水北调故事作为阐释马克思主义基本原理的重要支撑，作为证明马克思主义中国化的重要论据，并在关注现实的基础上，在课堂教学中不断对南水北调故事进行创造性的转化和创新性的发展。这本身就是对马克思主义唯物辩证法的有效应用。此外，我们还需要关注学生的实际需求和接受能力，确保教学内容既符合马克思主义的基本原理，又贴近学生的实际生活。通过生动的案例和贴近学生生活的语言，使学生能够更好地理解和吸收教材内容。同时，我们还应注重培养学生的批判性思维能力，引导他们学会独立思考，而不是被动接受知识。通过这种方式，我们可以使学生在学习南水北调故事的过程中，不仅能够掌握马克思主义的基本原理，还能够培养他们的创新意识和实践能力。最终，我们的目标是培养出既有深厚理论素养，又有实际应用能力的社会主义建设者和接班人。

二是精心凝练案例。将南水北调故事融入高校思政课教学的核心，关键在于精心设计和开发高质量的教学案例。这一过程的实施，必须以马克思主义的世界观和方法论为指导，基于教材内容，充分利用南水北调故事的文化内涵来吸引学生。通过引导学生思考相关课程内容，恰当地结合马克思主义的基本原理，帮助学生分析案例，从而促进他们对思政课程理论知识的理解和接受。同时，可以将南水北调的相关案例作为教学的切入点，引导学生通过案例分析来学习和运用马克思主义的科学世界观和方法论。这不仅有助于学生理解高校思政课内容的实际应用，还能确保他们对所学知识的准确掌握和自觉运用。在这一过程中，特别需要关注“00后”大学生的学习特点和思想需求，深化对案例开发的研究。同时，随着学生年级的提升，应相应调整案例设计和实施策略，以确保与不同教学内容和课程的有效对接，实现教学目标的一致性。在具体实施过程中，教师应深入挖掘南水北调工程背后的历史、文化、经济和社会价值，将其融入思政课程的教学中。例如，可以讲述南水北调工程的建设历程，以展示中国共产党领导下的伟大成就，以及中国人民的智慧和力量。通过这些生动的故事，激发学生对国家发展的自豪感和使命感。此外，还可以结合南水北调工程中遇到的挑战和问题，引导学生思考如何运用马克思主义的科学方法论来分析和解决实际问题，从而培养他们的创新思维和实践能力。通过这样的教学方式，不仅能够增强学生对思政课程的兴趣，还能帮助他们将理论知识与实际问题相结合，提高他们的综合素质和能力。通过将南水北调工程的丰富历史和文化背景融入思政课程，教师可以为学生提供一个更加生动、具体的学习平台，使他们能够更好地理解国家的发展战略和社会主义核心价值观。通过讲述南水北调工程的建设过程，教师可以展示中国共产党如何带领人民克服重重困难，实现国家重大战略目标，从而增强学生的国家认同感和民族自豪感。同时，教师还可以引导学生深入探讨南水北调工程在解决水资源分配不均、促进区域协调发展等方面的重要作用，使学生认识到马克思主义科学方法论在解决现实问题中的重要性。通过这样的教学活动，学生不仅能够更好地理解思政课程的理论知识，还能培养他们的批判性思维和解决问题的能力，为他们未来的发展奠定坚实的基础。

在高校思政课中，教师们应当重视并充分利用南水北调工程的丰富故事和案例，以此来丰富和扩展实际的教学内容。这些案例不仅能够为学生提供生动的实践平台，还能帮助他们更好地理解和吸收课程知识。通过将南水北调故事融入教学，教师们可以将这些案例作为检验其研发实用性的实验场，从而不断优化和提升教学效果。在设计南水北调故事的教学案例时，每位教师都可能会遇到一些挑战。例如，案例可能与学生的专业兴趣不相契合，导致学生难以充分吸收和理解其中的内容；或者案例在阐释教学内容时不够清晰，无法有效地传达核心思想；又或者案例的应用不当，导致课堂教学效果不尽如人意。面对这些问题，思政课教师需要在坚持马克思主义世界观和方法论的指导下，对教学案例进行有针对性的调整和优化，使其更加贴合学生的实际需求。首先，针对学生的思想认识问题，教师在课堂教学中应当深入了解学生的思想困惑以及他们对所授内容的理解程度。如果发现涉及南水北调故事的教学案例缺乏吸引力，教师需要调整案例的角度，创新案例内容，以提升学生的参与度和兴趣。通过这种方式，教师可以更好地激发学生的学习热情，使他们更加积极地参与到课堂讨论中来。其次，根据学生的学理需求，在课堂教学中，教师应当解决学生的学习难点，尝试利用南水北调故事的教学案例，打通不同教学内容乃至不同课程之间的隐性障碍。这样可以帮助学生更好地理解坚持马克思主义意识形态教育的重要性。教师需要通过课堂教学的反馈，不断调整和修正教学案例，使其与教学内容更加契合，最终以高质量的教学案例回应学生的思考。最后，针对学生的思想道德问题，在课堂教学中，教师应当坚持将南水北调故事作为青年大学生道德培育的有力支撑。课堂教学中应实现对学生立德树人的潜移默化影响，发挥南水北调故事的示范价值，同时解答学生在成长过程中遇到的各种思想困惑。

总之，南水北调故事作为思政课中的一个重要教学案例，不仅能够丰富课堂教学内容，还能够有效地引导青年大学生的思想道德建设。通过教师的精心设计和引导，学生们将能够从中汲取到宝贵的精神财富，为他们的未来发展奠定坚实的思想道德基础。在开发和设计教学案例的过程中，我们必须明确一个核心原则，那就是无论我们探讨何种主题，南水北调故事都应当服务于课堂教学内容。这意味着案例的设计必须以马克思主义为指导思想，确保其与教材内容保持一致。案例的开发应以教材为基础，以教材为起点，通过深入挖掘和扩展，最终达到体现马克思主义的世界观和方法论的目的。这是将南水北调故事有机融入思想政治课程的关键所在，也是确保教学内容完整性和系统性的基本保障。在这一过程中，我们必须特别注意，不能因为强调南水北调故事的重要性而忽视或脱离教材的主线。如果过分强调故事本身，而忽略了其与教材内容的有机结合，可能会导致学生对教材内容的理解变得教条化，从而无法真正领会教材的深层含义。此外，脱离教材的案例设计还可能导致片面化解读，无法全面、准确地理解南水北调故事的精髓。因此，在设计教学案例时，我们必须始终坚持以教材为核心，确保南水北调故事与教材内容相辅相成，共同构建一个完整、系统的教学体系。

二、新时代高校思政课讲好南水北调故事的核心要求

在新时代背景下，高校思政课中讲好南水北调故事，需要遵循几个核心要求，以确保内容的准确传达和教育意义的最大化。首先，立足时代要求讲好南水北调故事，意味着要将南水北调工程放置在当前社会发展的大背景下，强调其在解决我国水资源分布不均、促进区域协调发展中的重要作用。其次，以学习者为中心讲好南水北调故事，要求教师在授课过程中关注学生的认知水平和接受能力，采用适合学生理解的方式，使学生能够更好地吸收和理解南水北调工程的意义和价值。最后，以价值导向为指引讲好南水北调故事，强调在讲述过程中要注重培养学生的国家观念、集体观念和历史使命感，引导学生认识到南水北调工程不仅是伟大的水利工程，更是中华民族团结协作、勇于创新精神的体现。

（一）立足时代要求讲好南水北调故事

在新时代的背景下，南水北调工程的教学案例必须展现出与时代同步的视野，并进行创新性的探索。随着时代的发展，我们所处的环境和面临的挑战也在不断变化，这就要求我们在教学过程中，不仅要关注历史和传统，更要紧跟时代的步伐，与时俱进。时代是思想的摇篮，它孕育着新的观念和理论，推动社会的进步和发展。中国共产党百年来的执政成就在很大程度上归功于其坚持从中国的实际出发，直面时代的挑战，解决时代的问题。毫无疑问，作为党的意识形态教育的主要途径，高校思政课必须扎根于中国的现实问题，全面回应社会发展的需求和思想领域的各种思考，从而展示出思想政治课程强大的解释力和阐释力。这样，才能使广大青年学生

信服其理念，并在实践中坚持和运用思想政治课程所传授的世界观和方法论，以认识和解决问题。

在教学过程中，我们应当注重培养学生的创新意识和实践能力，使他们能够运用所学知识，解决实际问题。南水北调工程作为一个重要的教学案例，不仅能够帮助学生理解国家的重大战略决策，还能够激发他们的爱国情怀和社会责任感。通过对南水北调工程的深入研究和探讨，学生可以更好地理解国家的发展战略，认识到水资源的重要性，以及在资源分配和环境保护方面所面临的挑战。同时，这也有助于培养学生的跨学科思维能力，使他们能够在不同领域之间建立联系，提出创新性的解决方案。所以，在新时代的背景下，南水北调工程的教学案例必须展现出与时代同步的视野，并进行创新性的探索。只有这样，我们才能培养出具有创新精神和实践能力的青年一代，为国家的发展和社会的进步作出贡献。

围绕时代发展的需求，开展与南水北调工程相关的案例研究，是响应新时代发展、使教学思想与时代同步的重要体现。恩格斯曾指出："所谓'社会主义社会'，不是一成不变的东西，而应当和任何其他社会制度一样，把它看成是经常变化和改革的社会。"① 这充分说明了中国特色社会主义社会是随着时代的不断演进而持续地发展和变化。因此，高校思政课教师必须具备敏锐的洞察力，能够准确地理解和把握中国特色社会主义在发展进程中的时代定位，对我国社会主义的发展阶段进行精准的评估和判断。与此同时，将南水北调这一重大水利工程的故事融入思政课程，进行案例开发和设计，也应当立足于时代发展的实际情况和背景。南水北调工程作为具有代表性的案例，其故事跨越了新中国成立后的几个历史时期，不仅

① 《马克思恩格斯全集》（第37卷），人民出版社1971年版，第443页。

具有深远的教育意义，而且在新时代背景下，其精神内涵更是具有全球意义。具体来说，如果能够深入挖掘南水北调故事中所蕴含的爱国主义思想，我们就能深刻地发现，爱国主义是中华民族的核心和灵魂，是中华民族最宝贵的精神财富。这种精神不仅是维系民族团结和统一的纽带，更是激励中华儿女为国家的繁荣发展不懈奋斗的力量源泉。在开发教学案例时，我们可以从南水北调故事中追溯爱国主义的历史人物、历史事件及其思想内涵，并结合时代的发展，将焦点转向新时代与爱国主义相关的典型事例。通过用新时代的视角回应时代的精神，引导学生思考“在新时代的今天，我们为何仍然需要爱国主义”，从而实现案例教学的积极效果，激发学生的爱国情怀和责任感。

随着时代的不断进步和变迁，围绕南水北调工程的历史脉络，开展与之相关的故事案例研发，已经成为推动南水北调故事实现创造性转化和创新性发展的时代需求。一方面，对于“创造性转化”，思政课教师在进行案例研发时，应以激活南水北调故事的生命力为目标，重点研发那些能够通过思政课的讲授和解读，使南水北调故事在青年学生中“活起来”的案例。这意味着广大青年学生将自愿接受这些故事，并将其内化为精神意识，外化为行动，让南水北调故事成为青年学生精神认知的一部分。在这个过程中，思政课教师需要心中有数，确立标准，并进行整理和鉴别。在标准确立方面，应以反映时代诉求并具有重要时代意涵为标准。在整理鉴别方面，思政课教师应善于鉴别地抓主流、抓主要矛盾，并按照教学内容和设计做好主次划分，形成重要的教学资源，并经由独具匠心的设计，按照具有现代意味、符合青年学生知识追求的要求形成南水北调故事融入思政课的有效案例。另一方面，对于“创新性发展”，思政课教师在进行案例研发时应以增强南水北调故事的影响力和感召力为目标，重点研发能够通过思政课课堂的讲授和解读，使青年学生了解南水北调故事的丰富精神内涵，提高精神素养，增强文化自信的案例。在这个过程中，思政课教师要做好“创造性转化”和“创新性发展”的接续，特别是对于南水北调故事在思政课中的“创新性发展”，要在案例设计中主动将南水北调故事与当今社会主义文化进行融合，同时还要将其与培育社会主义核心价值观融合起来，同马克思主义中国化统一起来，进而在“三个方面”的统一中，产生“化学”反应，使教学案例设计达到理想效果。在这个过程中，思政课教师切不可狭隘化理解南水北调故事内涵，可以在保持南水北调故事的基础上，不断赋予其崭新内涵。例如，对于爱国，不同的时代关于爱国的理念是不同的，在新时代，在思政课开展爱国主义教育要对其进行“创新性发展”，结合南水北调故事中的爱国理念，将其融合于新时代的爱国主义，完善其精神要义。通过这种方式，南水北调故事不仅能够传承历史，还能够与现代社会紧密结合，发挥出更大的教育和启迪作用。

随着时代的发展，南水北调工程作为一项宏伟的水利工程，其背后蕴含着丰富的历史和文化价值。为了更好地传承和弘扬这一伟大工程的精神，我们需要深入挖掘和研究与之相关的故事案例，使之成为推动社会进步和文化发展的强大动力。在这个过程中，思政课教师扮演着至关重要的角色。他们不仅要深入研究南水北调工程的历史背景和文化内涵，还要通过创新的教学方法，将这些故事转化为生动的教学案例，使之在青年学生中产生深远的影响。

在“创造性转化”的过程中，思政课教师应当注重激发南水北调故事的内在生命力，使其在青年学生中焕发新的活力。这意味着教师们需要精心挑选那些能够引起学生共鸣的故事，通过生动的讲述和深刻的解读，使这些故事在学生心中生根发芽，成为他们精神世界的一部分。为了达到这一目标，教师们需要确立明确的标准，对故事进行系统的整理和鉴别，确保所选案例能够反映时代精神，传递积极的价值观。在整理鉴别过程中，教师们应当善于抓住故事的主流和主要矛盾，提炼出南水北调故事中中华优秀传统文化的核心价值，并将其与教学内容紧密结合，形成具有现代意义的教学资源。通过独具匠心的设计，教师们可以将南水北调故事融入思政课程，使之成为学生喜闻乐见的教学内容。

最终，通过精心开发与时代发展紧密相连的南水北调故事案例，我们能够有效地解答学生们心中的疑惑，并培养他们对时代的责任感，这成了解决问题的关键策略。长期以来，如何提升高校思政课的针对性和实效性，一直是思政课教师们面临的核心挑战。从思政课程多年的发展历程来看，其教学效果往往体现在解决学生思想困惑的过程中，而青年学生的思想困惑主要源于对新时代的思考和反思。因此，将南水北调故事融入高校思政课的案例开发，必须以解决青年学生心中的疑问为指导。作为思政课教师，开发案例的首要任务是深入学生群体，探究他们对南水北调故事的疑问所在，是关于故事的“过时”问题、内涵的“不理解”，还是关于故事的“实用性”和“现实价值”等。只有掌握了学生知识上的“痛点”，才能在理念、内容、方法上实现创新和突破，将教学案例深度融入思政课程体系，真正实现“润物无声”的教学效果同时，思政课教师在开发案例时，应善于结合时代发展的热点问题与南水北调故事，使这些社会热点成为课堂教学的切入点。将南水北调故事与社会现实热点相结合，可以增强故事的现实感，帮助青年学生深化对南水北调故事的理解。同时，这也是南水北调故事回应时代问题，直面新时代中国特色社会主义社会在经济、政治、文化、生态、社会等各个领域以及国家、社会、个人层面需求的必然选择。在运用南水北调故事与社会热点结合的案例时，将不断加强青年学生与社会的联系，使其通过南水北调故事内涵与时代发展产生共鸣，培养青年学生成为关心国家、社会、他人的具有社会责任感和使命感的时代新人，成为社会主义的建设者和接班人。

通过这种方式，我们不仅能够激发学生的学习兴趣，还能够帮助他们更好地理解国家的发展战略，从而在他们心中树立起对国家和社会的责任感，为他们未来成为社会的栋梁之材打下坚实的基础。此外，通过将南水北调故事融入思政课程，我们还能够引导学生深入思考国家的重大战略决策，理解其背后的历史背景和现实意义，从而增强他们的历史使命感和民族自豪感。通过这种深入浅出的教学方法，我们能够让学生在轻松愉快的氛围中，潜移默化地接受思想政治教育，培养他们成为具有全球视野和创新精神的优秀人才。最终，这将有助于构建一个更加和谐、稳定、繁荣的社会，为实现中华民族伟大复兴的中国梦贡献青春力量。

特别需要强调的是，高校思政课教师在将南水北调故事融入思政课程的案例开发中，必须坚守“实事求是”的原则。这意味着，教师们不仅要阐明南水北调故事在新时代发展中的重大价值和时代意义，还要客观地识别并指出当前在传承和弘扬南水北调故事方面遇到的挑战。只有这样，才能更有效地激发青年学生对南水北调故事的深入思考，并促使他们积极地成为新时代南水北调故事的传播者和实践者，为故事的“创造性转化”和“创新性发展”贡献自己的力量。

（二）以学习者为中心讲好南水北调故事

南水北调故事被巧妙地融入高校思想政治教育课程的案例研发中，这一过程必须坚持问题导向的原则，专注于教学中的关键问题和难题。围绕教材中的核心问题，开发具有针对性的案例，通过这些案例来阐述理论，将政治议题和学术议题巧妙地结合起来，将理论思辨与个人反思紧密相连，将教材的理论要点转化为实际问题，并以案例的形式展现出来。这样，学习者能够带着问题去学习，从被动的知识接受者转变为积极参与者。

在这一过程中，教师需要精心设计案例，确保它们能够引起学生的兴趣和思考。案例的选择和开发应当与课程目标紧密结合，确保每个案例都能够有效地促进教学目标的实现。通过这些精心设计的案例，学生不仅能够更好地理解抽象的理论知识，还能够学会如何将理论应用于实际情境中，提高他们的分析问题和解决问题的能力。此外，案例教学还能够激发学生的批判性思维，培养他们的独立思考能力，使他们在面对复杂的社会现象时，能够进行深入的分析和独立的判断。同时，案例教学还能够增强课堂的互动性，使学生在讨论和交流中获得更多的学习机会。通过小组讨论、角色扮演等多种教学方法，学生能够在互动中学习，从而更好地理解和掌握知识。这种教学方式不仅能够提高学生的学习兴趣，还能够培养他们的团队合作精神和沟通能力。最终，通过这种案例教学，学生能够在理论与实践的结合中，全面提升自己的综合素质，为未来的学习和工作打下坚实的基础。

在进行教学活动的过程中，每一门思政课程的各个章节，根据学生所处的不同学年段，都会面临诸多方面的重点和难点问题。在这些纷繁复杂的内容中，不可避免地会涉及与南水北调故事相关联的部分。作为高校思政课的教师，他们有责任去识别并把握这些重点和难点，将南水北调故事中蕴含的深刻思想融入教学活动中。例如，在“思想道德与法治”这门课程中，与南水北调故事相关的教学重点和难点可以包括“培育社会主义核心价值观”以及“锤炼青年学生的道德品格”；而在“马克思主义基本原理概论”课程中，相关的重点和难点则可能涉及“经济基础与上层建筑的辩证关系”、“发挥人的意识主观能动性”、“人民群众在历史发展中的作用”以及“共产主义崇高理想及其最终实现”。思政课教师在开发和设计教学案例时，应当努力将思政课教学内容的理论抽象性与南水北调故事所体现的人文精神紧密结合起来。通过精心设计的教学案例，恰当地引导学生理解和掌握教学知识点，从而实现教学效果的显著提升，促进思政课教学中价值引领、知识传授与能力培养的高度统一。此外，思政课教师在开发教学案例时，还可以结合教学的重点和难点问题，鼓励学生主动收集相关资源，整理和提出教学问题。这些由学生收集和整理的资源以及提出的问题，经过教师的归纳、提炼和升华，最终可以转化为课堂上最具启发性和教育意义的经典案例。

在进行设计和研发的过程中，将南水北调这一宏伟工程背后的故事融入思政课程的教学案例中，思政课教师们应当始终坚守以学生为中心的教学理念。这意味着在教学过程中，教师们需要充分考虑到学生的思维特点和思想认识水平，并且要结合学生们的学习兴趣和需求，从而确保教学内容既能够有针对性地解决学生们的实际问题，又能够以一种易于接受的方式呈现出来。在开发教学案例时，教师们应当以学习者的需求为出发点，紧密围绕青年学生的学习兴趣和关注点进行设计，以期达到最小的抵触情绪和最大的接受度。

首先，思政课教师在开发案例时，应以青年学生的思想认知为出发点，创造一些能够引起他们共鸣的经典案例。这类案例有助于学生在学习过程中达成价值共识，进而更深刻地理解和吸收课程内容。以南水北调工程为例，它所体现的艰苦奋斗精神，是南水北调人普遍的工作态度和精神追求。然而，在现代社会，随着生活节奏的加速，一些青年学生开始倾向于“躺平”的生活态度，视之为宇宙的终极真理，不再感到恐惧。面对这种与时代发展主旋律背道而驰的生活态度，思政课教师可以借助南水北调故事中的丰富资源，回应青年学生对“躺平”生活态度的思考，并引导他们树立积极向上的生活态度。

其次，思政课教师在开发融入南水北调故事的教学案例时，还应当开发与青年学生学习兴趣相关的案例，实现从“大水漫灌”到“精准滴灌”的转变。例如，对于理工科院校的学生，他们可能对南水北调故事了解不多，但对探究现实问题、关注国家发展大势并将其与国际问题联系起来充满兴趣。针对这一特点，思政课教师可以设计将南水北调故事与社会现实问题相结合的案例，并通过课堂讨论激发学生的思考和认同。对于人文专业的学生，由于他们具备较好的人文知识背景，思政课教师应深入挖掘南水北调故事的思想内涵，研发一些涉及较少触及的知识内容等，以提高学生的学习兴趣和课堂教学的有效性。通过这种方式，教师们不仅能够使学生更好地理解南水北调工程背后的历史和文化意义，还能够激发他们对思政课程的兴趣，从而达到更好的教学效果。

兴趣是点燃思政课堂活力的火花，是引领学生深入探究的神奇力量。唯有真正立足于学习者的角度，深入剖析每一个面向不同学生群体的教学案例，我们才能将传统的“一刀切”教学模式，转变为更加精准的因材施教策略。这种转变不仅能够满足不同学生群体的学习需求，还能实现更加个性化的教学体验。在开发教学案例的过程中，我们必须严格遵守思政课的教学大纲精心策划每一个案例。在挑选案例时，我们应依据学生的成长规律和实际需求。案例的设计应遵循由浅入深、循序渐进的原则，避免在不同阶段出现教材内容的机械重复，从而维持学生对思政课学习的持久兴趣。此外，我们还应密切关注学生的思想动态和需求，根据实际情况不断对案例进行调整和完善，确保教学内容的时代性和针对性。只有这样，我们才能真正实现思政课的精准教学，点燃学生的学习激情，培养他们的全面素质。

（三）以价值导向为指引讲好南水北调故事

一个好的思政课教学案例，必须具备典型性这一核心要素。探索和挖掘具有典型性的案例，其目的在于能够对学生产生深刻的思想启发，引起他们的广泛关注和思考。这样的案例能够深入学生的心灵，促使他们在思想上产生共鸣，并在行动上得以体现。换句话说，典型性的案例能够使学生将所学知识内化于心、外化于行，从而实现知行合一。同时，典型性的案例也是最能回应教学内容、最能有效破解教学中的重点和难点的案例。一个好的典型性案例，不仅能够在教学过程中起到事半功倍的效果，提高教学效率，而且还能映射出较好的教学效果，展示出教师的教学能力和智慧。通过这样的案例，教师能够更好地引导学生思考，激发他们的学习兴趣，培养他们的批判性思维和创新能力。此外，典型性的案例还能为思政课的教学提供丰富的素材，使课堂内容更加生动有趣，增强学生的参与感和体验感。通过具体、生动的案例，学生能够更好地理解和掌握抽象的理论知识，从而在实际生活中运用所学知识，解决实际问题。这样的教学方式不仅能够提升学生的综合素质，还能打造一个良好的思政课教学生态，为学生的全面发展奠定坚实的基础。运用典型性案例来说明自己的观点是马克思善用的方法之一，在写作《资本论》时，他曾说："我要在本书研究的，是资本主义生产方式以及和它相适应的生产关系和交换关系。到现在为止，这种生产方式的典型地点是英国。因此，我在理论阐述上主要用英国作为例证。”① 由此可见，打造典型性案例作为思政课课堂教学切入点是十分必要的。

基于此，思政课教师在进行典型性案例研发时，首先，需要立足于教学内容，积极挖掘具有重要教学价值的南水北调故事思想内容。所谓“重要教学价值”，指的是那些集充实的思想内涵、丰富的道德底蕴、鲜明的价值导向于一身的具有精品性质的教学案例。精品性质的教学案例重在“精品”二字，能够将南水北调故事中核心的人文精神和道德理念以有效的方式教给学生。这样的案例不仅可以贴切地说明思政课的教学内容，反映教学内容的深刻本质，同时还可以通过思政课的课堂教育使南水北调故事与青年学生产生思想共鸣。引导青年学生能够将所学习到的知识主动运用在对问题的思考视域中，在面对社会主义核心价值观、文化自信、人类命运共同体等问题时，能自觉将其与南水北调故事思想相结合，做南水北调故事的坚定信仰者和积极践行者。

其次，思政课教师在研发教学案例时，要能充分运用典型性案例的特殊性，发挥出典型性案例的针对性价值。一个教学案例是否具有教学价值，关键在于其是否具有针对性。通常意义上讲，越是具有典型性的案例，越应该具有教学的针对性。典型性案例的针对性要注重“聚焦”，思政课教师在设计和研发教学案例时要十分清楚所要触及的教学内容是哪一门课程中的哪一部分内容，这一部分内容为何可以融入南水北调故事，融入后所要达到的实际效果是什么。好的教学案例要含有“启发性”、“趣味性”和“契合性”。所谓“启发性”，指的是教学案例的设计和研发不是为了向学生进行南水北调故事思想内容的灌输，而是要透过南水北调故事内容引发学生

① 《马克思恩格斯选集》（第2卷），人民出版社1995年版，第100页。

的思考，学生能主动地将所讲授的案例与课堂教学内容进行结合，甚至是得出结论。而“趣味性”是使教学顺畅进行的关键。思政课教师不能固化地认为在思政课的课堂进行南水北调故事思想的融入一定要严肃，这是一种错误的认知。其实，在思政课的教学过程中，如果能趣味性地展现出南水北调故事思想的内容，吸引学生主动参与到课堂教学中，不仅可以提升思政课课堂教学效果，同时也是达到以案育人目标的极好途径。通过这种方式，学生不仅能够更好地理解和吸收南水北调故事中的思想精髓，还能在轻松愉快的氛围中培养出对社会主义核心价值观的认同感和对文化自信的自豪感。这就需要思政课教师在设计和研发教学案例时跳出固有思维，增强教学案例的趣味性。而“契合性”则是要关注教学案例设计研发的视域转向，不能否认的是，不同选题的案例具有不同的功能和作用，想要说明的教学问题具有差别性，进而会导致学生在面对不同的教学案例时所受到的启发会产生差别。思政课所运用的教学案例面对的是新时代的青年大学生，主要是“00 后”的大学生群体，这类群体在前文已经表述过他们的学情特色，这就需要思政课教师在设计和研发南水北调故事融入思政课的教学案例时，应该尽可能地与青年学生的学习需求和认知需求相契合，使教学案例能够做到诱人深入，启发思考，给青年学生留下较多的思维和思考空间。总之，对于教学案例的研发坚持具有典型性意在增强思政课教学内容的理论解释力，凸显其示范性意义，增强青年学生的学习共鸣，产生积极的教育意义。

与此同时，在进行南水北调故事融入思政课教学案例的设计和研发时，还要秉持积极的价值导向，要从立德树人的教育立场和培养堪当民族复兴大任、德智体美劳全面发展的社会主义建设者和接班人的政治立场出发，从学生素质培育的路径入手，以符合新时代大学生精神特质的南水北调故事的诠释方式，增强大学生对思政课的获得感。使教学案例带有鲜明的价值导向性是思政课的必然要求，思政课教师在进行关涉南水北调故事融入思政课教学案例的设计和研发时必须渗透着正确价值观的导向，其中，做好意识形态的引导是关键。

在当今的高等教育体系中，众多课程中唯有高校思政课肩负着对大学生进行深入而全面的意识形态教育的重任。这门课程不仅是培养新时代社会主义建设者和接班人的核心课程，更是承担着向青年学生灌输社会主义意识形态的重要使命。可以说，对大学生进行社会主义意识形态教育是高校思政课的本职工作。大学生是社会主义意识形态教育的关键群体，高校思政课致力于培养的不仅仅是学识渊博、视野开阔的新时代青年，更是具备坚定马克思主义政治立场和正确思想道德认知的青年，其中坚定的政治立场是培养社会主义建设者和接班人的核心要素，是必须坚守的思想红线。这不仅是国家对人才的需求，也是青年学生自身全面发展的内在要求。因此，高校思政课必须在传授知识的同时，注重鲜明的政治导向和价值观导向，引导青年大学生坚定马克思主义信仰，树立科学的世界观、人生观和价值观，坚决支持和拥护党和国家的路线、方针和政策。基于这样的认识，高校思政课教师在进行案例研发时，必须始终坚守价值导向性原则，确保案例研发不偏离主航道、不触碰红线。教师们需要将传承和弘扬南水北调精神与正确理解国家发展、中国特色社会主义以及树立文化自信紧密结合起来，为教学案例提供坚实的思想基础；在分析和解读教学案例时，要有意识地将政治引导与南水北调精神相融合，充分展现南水北调精神的时代内涵，并将其与马克思主义理论相结合，凸显其在意识形态教育中的重要作用；在运用教学案例时，应从学生的角度出发，利用南水北调精神的丰富资源，构建创新性的文化话语体系，增强意识形态教育的吸引力和感染力，通过丰富的南水北调精神资源，提升价值引导的针对性和实效性。

此外，高校思政课还应注重培养学生的实践能力和创新精神，使他们在掌握理论知识的同时，能够将所学知识运用到实际生活中，解决实际问题。教师们可以通过组织学生参与社会实践活动，如志愿服务、社区调研等，让学生在实践中体验和感悟社会主义核心价值观，增强社会责任感和使命感。同时，课程还应注重培养学生的批判性思维和独立思考能力，使他们能够在复杂多变的社会环境中，保持清醒的头脑，做出正确的判断和选择。

总之，高校思政课在高等教育体系中具有不可替代的重要地位。通过这门课程，善用南水北调案例培养学生的知识和能力，培养他们的思想道德品质和社会责任感，使他们成为具有坚定理想信念、高尚道德情操和全面发展的社会主义建设者和接班人。

第五章　新时代高校思政课讲好南水北调故事的案例探索

案例开发构成了案例教学准备阶段的核心环节，它直接决定了案例教学的成效。为了将案例教学的潜在优势转化为实际的教学成果，为了更有效地将南水北调故事融入高校思政课中，我们必须优先考虑开发和筛选高质量的教学案例，提升教学效果，提炼适合高校思政课使用的南水北调案例教学素材。在这个过程中，我们应当注重案例的现实意义和教育价值，确保案例内容不仅能够吸引学生的兴趣，而且能够引导他们深入思考，从而达到提升他们分析问题和解决问题能力的目的。此外，案例的编写应遵循科学性和系统性的原则，确保案例内容的准确性和逻辑性，以便更好地服务于教学目标，使学生能够在案例学习中获得知识和技能的双重提升。

第一节　南水北调与大国统筹的教学案例

一、中国共产党与南水北调

｜案例内容｜

中国共产党领导南水北调工程建设的世纪画卷

纵观历史长河，水旱灾害一直是中华民族发展过程中面临的重大挑战。在我国北方地区，旱灾尤为频繁，严重时甚至会触发社会动荡。

1952年10月，毛泽东视察黄河时，在听取黄河水利委员会主任王化云关于从长江引水接济黄河的设想汇报后说："南方水多，北方水少，如有可能，借点来是可以的。"南水北调战略构想由此提出。次年2月，毛泽东在视察长江时再次谈到南水北调问题，称"南水北调工作要抓紧"。之后5年，南水北调的查勘情报和调水方案一直在推进中。1958年2月，毛泽东把治理长江和南水北调的任务交给了周恩来。

1958年3月，中央政治局在成都召开会议，正式批准兴建丹江口水利枢纽初期工程，为将来南水北调预留通道。同年8月，中央政治局扩大会议讨论通过《中共中央关于水利工作的指示》，明确指出："除了各地区进行的规划工作外，全国范围较长远的水利规划，首先是以南水北调为主要目的。"这是"南水北调"一词首次正式见诸中央文件。

1958年9月1日，在丹江与汉江的交汇处——丹江口，丹江口水利枢纽工程隆重开工。随后，由于三年自然灾害的影响，经济陷入困境，丹江口水利枢纽工程不得不采取分期建设的方式。到了1966年，国务院正式批准了丹江口大坝的初期规模，确定正常蓄水位为157米，坝顶高程为162米。

"文革"期间，南水北调工程的初步论证工作被迫暂停。1972年，华北地区遭遇严重干旱，国务院于1973年7月召集了北方17个省、直辖市的抗旱工作会议。会后，水电部成立了南水北调规划小组，开始研究从长江流域向华北平原调水的紧迫方案。

水电部主要针对引黄济卫进行了深入研究。然而，由于黄河引水量有限，仅能作为缓解缺水状况的临时措施。为了从根本上解决水资源短缺的问题，必须考虑从长江调水。因此，水电部启动了南水北调东线调水方案的研究工作。1976年，水电部决定将东线作为南水北调工程的近期实施计划，并选定以京杭运河作为主要输水干线，将水输送到天津，作为东线工程的初步实施方案。

1978年，第五届全国人民代表大会第一次会议上通过的《政府工作报告》中正式提出："兴建把长江水引到黄河以北的南水北调工程。"同年10月，水电部成立了南水北调规划办公室，负责对南水北调工程进行统筹规划和综合研究。

在1980年10月3日至11月3日，依据中国科学院与联合国大学之间的协议，来自联合国的官员以及8位联合国大学的专家，与我国水利部、高等教育机构、科研机构的60多位专家、教授和工程技术人员，共同对南水北调中线和东线进行了实地考察。考察结束后，通过深入的讨论，专家们一致认为南水北调中线和东线的工程技术方案是切实可行的。同时，联合国专家提出了建议，认为在经济和环境方面，有必要进一步补充研究与南水北调相关的问题。

1980年、1981年，海河流域连续两年出现严重干旱。国务院决定：官厅、密云水库不再给天津、河北供水，临时引黄接济天津，加快建设引滦工程。国家计划"六五"期间实施南水北调工程。

1983年2月，国务院第十一次会议批准南水北调东线第一期工程方案并下发《关于抓紧进行南水北调东线第一期工程有关工作的通知》。在这个阶段，江苏省结合京杭运河续建工程，初步建成江水北调工程体系。

1988年6月，时任国务院总理李鹏对国家计委的报告做了批示：同意国家计委的报告，南水北调必须以解决京、津、华北用水为主要目标，按照谁受益、谁投资的原则，由中央和地方共同负担。

党的十四大把"南水北调"列入中国跨世纪的骨干工程之一。

1995年6月，李鹏主持召开国务院第71次总理办公会议，专门研究南水北调工程问题。李鹏在会上指出，南水北调是一项跨世纪的重大工程，关系到子孙后代的利益，一定要慎重研究，充分论证，科学决策。1996年3月，南水北调工程审查委员会成立。

在世纪之交，北方地区遭遇了连续的严重干旱，导致天津不得不启动第六次引黄应急措施。社会各界强烈期盼南水北调工程能够早日实施。

2000年9月27日，时任国务院总理朱镕基主持召开南水北调工程座谈会，听取水利部南水北调有关问题的汇报，提出务必做到先节水后调水，先治污后通水，先环保后用水。

按照新的要求，水利部组织开展了南水北调工程总体规划工作。2001年，中国向世界正式公布兴建南水北调工程。

50年来，技术领域见证了众多专家提出的超过100个南水北调工程技术方案。仅在总体规划阶段，就有超过2000名科技工作者参与其中，他们来自水利系统的10个规划、设计和科研机构，以及国务院相关部委的14个科研教育机构，还有沿线7个省（市）和44个地级市政府的水利、建设、环保、国土、农业等部门。主管部门组织了95次专家座谈会、咨询会和审查会，30位中国科学院和中国工程院院士参与了讨论。参与论证的专家和学者来自水利、农业、地质、环保、生态、工业、工程、经济等多个学科领域。在对50多种规划方案进行反复分析和比较后，逐步确定了从长江下游、中游和上游调水的东线、中线、西线三条主要调水线路。这三条线路与长江、淮河、黄河和海河四大江河相连，逐步构建了以“四横三纵”为主体的中国水网。这一总体规划是在全面分析我国地形、山脉、水系、水土资源分布以及经济社会现状和发展趋势的基础上制定的，它能够覆盖我国黄淮海流域、胶东地区和西北内陆河的部分地区。

这不仅有利于安全、高效、经济地解决我国北方地区的缺水问题，而且有助于实现我国水资源南北调配、东西互济的合理配置，对于协调北方地区东中西部可持续发展对水资源的需求，具有重大的战略意义。

2002年12月23日，国务院正式批复《南水北调工程总体规划》。12月27日，南水北调东线一期工程开工。次年12月30日，中线一期工程开工建设。

——摘编自《跨越半个世纪，南水北调工程规划论证慎之又慎》①

｜案例引申｜

南水北调工程的建设历程与中国共产党的正确领导、社会主义优越制度、改革开放的政策和成果、广大建设者的智慧与付出、移民群众的大爱和奉献息息相关。

第一，南水北调工程不仅是一项宏伟的水利工程，更是中国共产党性质、宗旨和初心使命的重要体现。通过深入研究南水北调工程的历史，从最初的设想、规划到最终的通水，我们发现这一过程几乎与中国共产党自1921年成立以来的百年历程相吻合。可以说，南水北调工程的实施历程与中国共产党的百年奋斗史紧密相连，在党的革命、建设和改革三大历史时期都有着不同形式的体现和实践。

南水北调工程作为党在发展社会生产力、改造自然条件、造福中国人民方面的一项重大工程，其核心理念是“人民至上”。这一理念贯穿于南水北调工程的决策、施工、移民安置和管理等各个环节。在南水北调精神中所蕴含的移民精神、工匠精神、奉献精神等，都

---

① 《跨越半个世纪，南水北调工程规划论证慎之又慎》，载新京报网2024年12月8日，https://www.bjnews.com.cn/detail/1733649048129892.html。

是中国共产党性质、宗旨和初心使命的重要体现。这些精神不仅在工程建设中得到了充分的展现，而且在工程完成后，对北方地区的水资源短缺问题产生了深远的影响，极大地改善了当地居民的生活条件，提升了社会生产力，促进了区域经济的均衡发展。

南水北调工程的实施，不仅体现了中国共产党始终坚持以人民为中心的发展思想，也展现了党在面对国家重大挑战时的决策智慧和执政能力。通过这一工程，党再次证明了自己是全心全意为人民服务的先锋队，是领导中国人民实现中华民族伟大复兴的核心力量。南水北调工程的成功，是中国共产党领导下的中国特色社会主义制度优越性的生动体现，也是党在新时代继续推进国家治理体系和治理能力现代化的重要实践。

第二，南水北调工程不仅是中国水利工程史上的伟大壮举，更是社会主义制度优越性的有力证明。这一宏伟工程的实施，充分体现了社会主义制度在组织、规划和实施大型项目方面的显著优势。南水北调工程之所以能够成功实施，其根本原因在于社会主义制度的高效组织能力和行动能力。在旧中国军阀割据、社会动荡不安的混乱时期，南水北调工程只能停留在理论层面，无法付诸实践。然而，随着 1956 年我国完成社会主义改造，消除了生产资料私有制，确立了真正的社会主义制度，南水北调工程才得以从梦想走向现实。从 1958 年丹江口水库工程的动工，到 2014 年陶岔渠首枢纽工程顺利向北输送清水，这些成就充分展现了社会主义制度的优越性和生命力。社会主义制度使国家能够调动和集中资源，高效地规划和实施大型基础设施项目，确保了南水北调工程的顺利进行。南水北调工程的成功，不仅解决了北方地区水资源短缺的问题，提高了人民的生活质量，还促进了区域经济的均衡发展，增强了社会主义制度的凝聚力和向心力。这一伟大工程的成功，既是对社会主义制度优越性的生动诠释，也是对中国特色社会主义道路自信的有力证明。

南水北调工程的实施，不仅在技术上取得了巨大成就，更在社会和经济层面产生了深远影响。它不仅为北方地区提供了宝贵的水资源，缓解了水资源分布不均的矛盾，还促进了沿线地区的农业灌溉和工业用水，提高了水资源的利用率。此外，南水北调工程还带动了相关产业的发展，创造了大量的就业机会，推动了沿线地区的经济增长和社会进步。同时，在这一工程的建设过程中，我国政府高度重视环境保护和生态平衡，采取了一系列有效措施，确保了工程的可持续发展。南水北调工程的成功实施，充分展示了中国特色社会主义制度在解决重大社会问题、推动经济社会发展方面的强大生命力和创新能力。这一伟大工程的成功，不仅是中国人民智慧和力量的体现，也是中国特色社会主义道路自信的有力证明，为世界水利工程和社会主义建设提供了宝贵的经验和借鉴。

第三，南水北调工程不仅是一项规模宏大、影响深远的水利工程，更是中国社会发展历程中的一个重要缩影，深刻反映了国家在科技、政治和社会治理等多方面的综合实力。首先，南水北调工程的成功实施，充分体现了中国在科技领域的显著进步和卓越成就。从工程的规划设计阶段开始，到施工建设的每一个环节，再到后期的运营管理，每一个步骤都凝聚了现代科技的先进性和实用性。例如，通过运用卫星遥感、地理信息系统等先进技术，实现了对工程地质、水文等复杂条件的精确分析和评估，确保了工程设计的科学性和合理性。在施工建设过程中，自动化、智能化的施工设备和材料的应用，大大提高了建设效率和工程质量。其次，国家的稳定为这一伟大工程的实施提供了坚实的政治保障。只有在国家政治稳定的前提下，政府才能够集中力量，调动和整合各种资源，确保工程的顺利进行。在新中国成立之前，受限于科技水平和政治环境，大规模跨流域调水工程只能停留在人们的想象之中，难以成为现实。新中国的成立，为调水工程提供了科技和政治上的双重保障。经过半个多世纪的不懈努力，南水北调工程的成功通水，不仅证明了中国经济、科技和工程实力的不断增强，也生动地反映了中国人民从“站起来”到“富起来”再到“强起来”的发展历程，折射出中国社会自近代以来的巨大变迁。这一工程的成功，不仅解决了北方地区的水资源短缺问题，促进了区域经济社会的协调发展，还展示了中国在应对复杂工程挑战方面的能力和智慧，为世界水利工程史增添了浓墨重彩的一笔。此外，南水北调工程还体现了中国在社会治理方面的成熟与进步。在工程的规划和实施过程中，充分考虑了环境保护、生态平衡以及当地居民的生活影响，采取了一系列措施来减少对环境的负面影响，并通过科学的水资源管理，实现了水资源的合理分配和可持续利用。同时，工程的建设也带动了沿线地区的经济发展，改善了当地居民的生活条件，促进了社会和谐稳定。南水北调工程的成功，是中国综合国力提升的体现，也是中国智慧和中国方案在世界舞台上发挥作用的例证。它不仅为解决中国自身的水资源问题提供了有效途径，也为全球水资源管理和水利工程的建设提供了宝贵经验。

第四，南水北调工程的成功实施，是广大建设者智慧与辛勤付出的结果。饮水思源，我们今天能够享受到南水北调工程带来的水资源便利，更应该向那些为之奋斗的建设者们致以最崇高的敬意。在这一宏伟工程的建设过程中，无数科技工作者不畏艰难、勇于创新，他们运用智慧和专业知识，攻克了一个又一个技术难题。同时，数十万的建设者们以坚定的意志和顽强的拼搏精神，日夜奋战在工地上，他们的辛勤劳动和无私奉献，为工程的顺利推进提供了坚实保障。此外，还有40余万移民群众，他们为了大局考虑，舍小家为大家，作出了巨大的牺牲。正是因为有了他们的共同努力，才使得“一泓清水北上”的美好愿景得以实现。

在南水北调工程中，我们见证了众多令人瞩目的技术成就，如丹江口大坝的加高工程中，新老混凝土的完美结合；膨胀土渠道及边坡处理技术的应用；世界最大的U形输水渡槽的建设；穿黄工程的实施；以及世界首次大管径浅埋暗挖输水隧洞近距离穿越地铁的壮举；还有东线泵站群的高效运行；等等。这些成就不仅展示了中国工程建设者的聪明才智和高超技术，也体现了中国人民在面对挑战时所展现出的团结协作、攻坚克难、无私奉献和拼搏进取的精神意志。这些精神财富，是中华民族宝贵的精神遗产，也是推动社会进步和国家发展的强大动力。事实一再证明，人民是历史的创造者，中国人民是具有伟大奋斗精神的人民，他们的智慧和力量是推动国家不断向前发展的根本所在。

南水北调工程不仅是一项伟大的水利工程，更是一项充满挑战和创新的壮举。它横跨多个省份，连接了长江、黄河、淮河和海河四大水系，为北方地区提供了宝贵的水资源。工程的实施过程中，建设者们面对着复杂的地质条件、恶劣的气候环境以及技术上的种种难题，但他们始终保持着高昂的斗志和坚定的信念，用实际行动诠释了什么是责任和担当。他们的智慧和汗水，铸就了这一伟大工程的辉煌成就。

此外，南水北调工程的成功实施，也离不开国家的正确领导和科学规划。国家在工程规划、资金投入、政策支持等方面给予了强有力的支持，确保了工程的顺利进行。同时，工程的实施也充分考虑了环境保护和生态平衡，力求在满足人类需求的同时，保护好自然环境，实现可持续发展。

总之，南水北调工程的成功实施，是中华民族智慧和力量的集中体现，是全体建设者共同努力的结果。它不仅为北方地区带来了水资源的便利，更为我国的经济社会发展注入了新的活力。我们应当铭记每一位建设者的贡献，珍惜他们用汗水换来的成果，同时也要继续发扬他们的奋斗精神，为实现中华民族的伟大复兴而不懈努力。

第五，南水北调工程不仅是一项宏伟的水利工程，更是人民群众无私奉献和伟大精神的生动体现。中国幅员辽阔，大部分地区属于典型的大陆性气候，导致降水量在季节和地域上的分布极不均衡，这种水资源南多北少的状况，是长期以来中国人民共同面对的现实问题。早在北宋时期，河南方城地区就尝试开凿了襄汉漕渠，这是古代中国人民跨流域调水的勇敢尝试，体现了古人对水资源分布不均问题的深刻认识和解决这一问题的初步探索。到了1958年，随着丹江口水库的开工建设，来自全国各地的民工和技术人员会聚于此，他们不畏艰难，凭借着简陋的工具和坚定的意志，完成了汉江大坝的合拢工程。这一壮举不仅展现了中国人民的智慧和勇气，也奠定了南水北调工程的基础。在今天，我们通过科学有效的管理机制，确保了南水北调工程的平稳运行，实现了水资源的合理调配，有效缓解了北方地区的水资源短缺问题，为当地经济社会发展和人民生活改善提供了有力支撑。

南水北调工程的整个过程，从最初的设想、规划、施工，到最终的通水和造福民众，不仅是一部中国人民不断掌握自身命运、提高生产力水平、增强改造自然能力的进步史和发展史，更是在人与自然关系的实践中，逐步实现人与自然和谐相处的历史。正如习近平总书记所指出的，在南水北调工程中，既讲人定胜天，也讲人水和谐。这既是对中国人民智慧和勇气的肯定，也是对人与自然和谐共生理念的深刻阐释。通过这一伟大工程，我们不仅解决了实际的水资源问题，更在实践中深化了对自然规律的认识，推动了生态文明建设的进程。南水北调工程的实施，不仅体现了中国人民在面对自然挑战时的坚韧不拔和创新精神，而且也展示了在新时代背景下，中国如何通过科技进步和制度创新，实现对自然资源的合理利用和保护，为子孙后代留下一个更加宜居的环境。这一工程的成功，不仅为北方地区带来了宝贵的水资源，也为全球水利工程和水资源管理提供了宝贵的经验和启示。南水北调工程的实施，不仅是一项伟大的水利工程，更是一次深刻的社会实践，它凝聚了无数人的智慧和汗水，展现了中国人民面对困难时的坚韧不拔和创新精神。

| 案例运用 |

对应教材目录：本案例可适用2023年版《习近平新时代中国特色社会主义思想概论》第三章“坚持党的全面领导”中的第一节“中国共产党领导是中国特色社会主义最本质的特征”和第二节“坚持党对一切工作的领导”；第七章“社会主义现代建设的教育、科技、人才战略”中的第一节“全面建设社会主义现代化国家的基础性、战略性支撑”；第十二章“建设社会主义生态文明”中的第一节“坚持人与自然和谐共生”和第二节“建设美丽中国”。本案例可适用2023年版《中国近现代史纲要》第八章“中华人民共和国的成立与中国社会主义建设道路的探索”中的第四节“全面建设社会主义的良好开端”。本案例可适用2023年版《毛泽东思想和中国特色社会主义理论体系概论》第四章“社会主义建设道路初步探索的理论成果”中的第一节“初步探索的重要理论成果”。本案例可适用2023年版《马克思主义基本原理》第一章“世界的物质性及发展规律”中的第二节“事物的普遍联系和变化发展”；第二章“实践与认识的发展规律”中的第三节“认识和改造世界”；第三章

“人类社会及其发展规律”中的第三节“人民群众在历史发展中的作用”；第六章“社会主义的发展及其规律”中的第三节“在实践中探索社会主义的发展规律”。本案例可适用2023年版《思想道德与法治》第一章“领悟人生真谛 把握人生方向”中的第二节“正确的人生观”；第三章“继承优良传统 弘扬中国精神”中的第一节“中国精神是兴国强国之魂”和第三节“让改革创新成为青春远航的动力”；第四章“明确价值要求 践行价值准则”中的第三节“积极践行社会主义核心价值观”；第五章“遵守道德规范 锤炼道德品格”中的第一节“社会主义道德的核心和原则”和第三节“投身崇德向善的道德实践”。

| 案例教学建议 |

教师在教学中应注意以下几点：第一，深入理解南水北调工程的重大意义和深远影响。在教学中，教师应注重引导学生全面认识南水北调工程的重要性，不仅要让学生了解这一工程的规模和复杂性，还要帮助他们认识到南水北调工程对于缓解我国北方水资源短缺、促进区域经济社会发展以及保障国家水安全的重要作用。通过案例分析、实地考察等方式，使学生深刻理解南水北调工程在推动我国水资源优化配置、实现可持续发展方面的重大意义。第二，深入分析南水北调工程中的管理创新与技术创新。南水北调工程是我国迄今为止规模最大的跨流域调水工程，其成功实施离不开先进的管理和技术创新。在教学中，教师应详细讲解南水北调工程在项目管理、水资源调度、生态保护等方面所采取的创新措施，如信息化管理系统的应用、生态流量的科学计算、水质保护与污染控制技术等。通过这些内容的讲解，使学生充分认识到技术创新在解决复杂工程问题中的关键作用，激发他们对科技创新的兴趣和热情。第三，全面探讨南水北调工程的社会、经济与生态效益。工程不仅是一项宏伟的水利工程，更是一项具有多重效益的综合性工程。在教学中，教师应引导学生全面分析南水北调工程在社会、经济和生态方面的多重效益。例如，从社会角度来看，工程有效缓解了北方地区水资源短缺的状况，提高了人民群众的生活质量；从经济角度来看，工程促进了沿线地区的经济发展，增强了区域经济的综合实力；从生态角度来看，工程实施了多项生态保护措施，改善了调水沿线的生态环境。通过这些分析，使学生全面了解南水北调工程的综合效益，增强他们的环保意识和社会责任感。第四，深入讨论南水北调工程对国家战略和区域协调发展的贡献。南水北调工程是我国实施的一项重大国家战略，对于推动区域协调发展具有重要意义。在教学中，教师应引导学生深入探讨南水北调工程在国家战略层面的重要作用，如优化国家水资源配置、保障国家水安全、促进区域经济均衡发展等。同时，教师还应引导学生分析南水北调工程在促进京津冀协同发展、长江经济带发展等国家战略中的具体贡献，使学生充分认识到这一工程在国家战略实施中的关键地位和作用。第五，总结南水北调工程实践的经验与启示，强调党的建设作用和社会主义核心价值观的贯彻。南水北调工程的成功实施积累了丰富的实践经验，为我国其他重大工程建设提供了宝贵的借鉴。在教学中，教师应总结南水北调工程在项目规划、建设、管理等方面的成功经验，如坚持党的领导、强化科技创新、注重生态保护等。同时，教师还应强调在南水北调工程建设过程中，如何贯彻社会主义核心价值观，发挥党组织的战斗堡垒作用和党员的先锋模范作用，确保工程顺利推进。通过这些内容的讲解，使学生深刻理解党的领导和社会主义核心价值观在重大工程建设中的重要作用，增强他们的国家意识和社会责任感。

二、社会主义制度与南水北调

| 案例内容 |

集中力量办大事

“正是因为始终在党的领导下，集中力量办大事，国家统一有效组织各项事业、开展各项工作，才能成功应对一系列重大风险挑战、克服无数艰难险阻，始终沿着正确方向稳步前进。”① 2021 年 5 月 14 日，习近平总书记在推进南水北调后续工程高质量发展座谈会上，高度肯定了我国实施重大跨流域调水工程的宝贵经验。为了让调水宏图从梦想走向现实，从前规划设计到工程建设施工，从中央层面统一推动，集中保障资金、用地等建设要素，统筹做好移民安置等工作，不仅展示了国家决策的战略性、前瞻性、长远性，更是汇集了中华民族的集体智慧和流域区民众、工程建设者对国家民族的热爱与奉献。作为我国改革开放和社会主义现代化建设取得的重大成就，南水北调工程发挥效益，正是社会主义集中力量办大事制度优势的生动实践。

一个工程或一项工作要取得成功，必须要有健全完善的政策机制作保障。党和国家从中央层面通盘优化资源配置，工程沿线各省市为了保障工程建设顺利进行，加强顶层设计，探索建立了较为完善的制度保障体系，各部门各单位共同协作，集中力量推动南水北调各项工作开展。

南水北调工程建设伊始，东中线工程沿线各省委宣传部、省政

---

① 《习近平在推进南水北调后续工程高质量发展座谈会上强调　深入分析南水北调工程面临的新形势新任务　科学推进工程规划建设提高水资源集约节约利用水平　韩正出席并讲话》，载《思想政治工作研究》2021 年第 6 期。

府办公厅以及发改、财政、水利、环保、公安、人社、国土、住建、交通、文化、审计、广电、林业、物价、煤炭、南水北调、黄河河务、通信、开发银行、电力等有关部门通力协作，随时协调解决工程实施过程中遇到的各类问题。各级党委、政府及各有关部门全力靠上做好服务工作，营造了和谐良好的施工环境、确保了无障碍施工，集沿线各省之力实施南水北调工程，充分体现了社会主义集中力量办大事的制度优越性。

针对工程建设中的关键工节点，南水北调东中线工程各项目法人和参建单位优化施工计划，推行倒逼机制，实行挂牌督办，加大奖惩力度，制定完善抢工期、保质量措施规定，千方百计加快工程建设。建设过程中，广大科技工作者攻坚克难、科学创新，数十万建设者矢志奋斗、顽强拼搏；43.5万移民群众顾全大局，无私奉献；各地区各部门和衷共济、团结协作，形成了实施重大跨流域调水工程的强大合力，一个个世界难题被破解，一项项纪录被改写，最终确保了南水北调主体工程按时完成建设任务、质量总体优良。

——摘编自《集中力量办大事——汇聚磅礴伟力协同攻坚克难》①

｜案例引申｜

在人类文明的演进历程中，河流扮演了至关重要的角色，对文明的诞生和演进产生了深远的影响。世界古代文明的摇篮，如底格里斯河和幼发拉底河孕育了美索不达米亚文明，恒河是印度文明的摇篮，黄河则是中华文明的发源地，尼罗河则构筑了古埃及文明的

① 《集中力量办大事——汇聚磅礴伟力协同攻坚克难》，载中华人民共和国水利部南水北调工程管理司网，http://nsbd.mwr.gov.cn/zx/zj/2021nsbdqzn/1/202209/t20220904_1528416.html。

辉煌。中华文明之所以能够源远流长，得益于其深厚的文化底蕴和持续的自我更新能力。在历史的长河中，尽管面临无数挑战和变迁，中华文明始终坚守其核心价值和文化特色。这种持续性，源于其开放和包容的文化态度，以及对多元文化元素的吸收和融合。同时，中华文明在政治、经济、科技、艺术等各个领域的发展，都彰显了其与时俱进、不断创新的精神。正是这种内在的生命力和外在的适应力，使得中华文明能够历经千年，继续在现代社会中发挥着举足轻重的作用。这其中，我们也要看到中国整体性的地域特征，尤其是那些纵横交织、形成网络状的河流体系，它们共同构筑了中华大地充满生机与活力的自然生命网络，也延续着中华文明的精神命脉。

中国水资源短缺，人均水资源量为2163立方米（世界银行1998年统计数据），只有世界人均水平的25%，且时空分布不均，南方水多，北方水少。黄淮海流域是中国水资源承载能力与经济社会发展矛盾最为突出的地区。由于资源性缺水，即使在充分发挥节水、治污、挖潜的基础上，黄淮海流域仅靠当地水资源已难以支撑其经济社会的可持续发展。为缓解黄淮海流域日益严重的水资源短缺状况，改善生态环境，促进黄淮海流域的经济发展和社会进步，国家决定在加大节水、治污力度和污水资源化的同时，实施南水北调工程。

设想，在不远的将来，中华大地上同时出现几条人工“天河”，东水西调横贯中华大地，彻底改变中国部分地区土地干旱、高寒、缺水、植被稀少的自然面貌，根本打破制约西部、北部发展的瓶颈，拉动国内经济进一步保持中高速发展，提升“一带一路”倡议的廊桥和桥头堡的作用，对“一带一路”合作伙伴的对接，增加中亚各国，以及“一带一路”合作伙伴对中华文化的认知度、感应度和向心力。为形成空前人民大团结，促进民族交流，提高中华民族的凝聚力，振兴中华，实现“两个一百年”奋斗目标，谱写壮丽画卷。

| 案例运用 |

对应教材目录：本案例可适用 2023 年版《习近平新时代中国特色社会主义思想概论》第三章“坚持党的全面领导”中的第一节“中国共产党领导是中国特色社会主义最本质的特征”和第二节“坚持党对一切工作的领导”。本案例可适用 2023 年版《中国近现代史纲要》第八章“中华人民共和国的成立与中国社会主义建设道路的探索”中的第四节“全面建设社会主义的良好开端”。本案例可适用 2023 年版《毛泽东思想和中国特色社会主义理论体系概论》第四章“社会主义建设道路初步探索的理论成果”中的第一节“初步探索的重要理论成果”。本案例可适用 2023 年版《马克思主义基本原理》第一章“世界的物质性及发展规律”中的第一节“世界的多样性与物质统一性”；第三章“人类社会及其发展规律”中的第三节“人民群众在历史发展中的作用”；第六章“社会主义的发展及其规律”中的第三节“在实践中探索社会主义的发展规律”。本案例可适用 2023 年版《思想道德与法治》第三章“继承优良传统　弘扬中国精神”中的第一节“中国精神是兴国强国之魂”。

| 案例教学建议 |

南水北调工程是中国的一项重大战略性基础设施项目，旨在通过构建一系列的输水线路和设施，将中国南方较为丰富的水资源调配到北方地区，以缓解北方地区长期存在的水资源短缺问题。这一工程体现了社会主义制度下国家对资源分配的宏观调控能力，以及集中力量办大事的优势。教师在教学中讲述南水北调故事时，可以强调以下几个方面的社会主义制度优势：第一，国家统一规划与协调各方面资源。社会主义制度的优越性体现在允许政府进行全国范围内的长远规划，不受短期政治周期的影响。南水北调工程是一个涉及多个省份、跨越数十年的大型项目，只有在一个强有力的中央政府领导下才能得以实现。政府也能够统筹各地区的利益，确保不同区域间的协调发展，避免了因地方保护主义或市场失灵导致的资源错配。第二，资源的整合与群众动员。在社会主义制度下，政府可以有效地整合人力、物力和财力资源，快速响应并推动大规模建设项目的实施。对于南水北调这样的巨型工程，需要调动大量的资金和技术支持，同时还要保证工程质量，需要通过国家主导的投资模式，可以确保资金的有效投入，并且可以在必要时动员全社会的力量参与工程建设。第三，公平正义与社会效益优先。中国特色社会主义制度强调全社会的公平正义，因此在资源分配上更加注重社会的整体效益而非单一的经济效益。南水北调工程不仅解决了北方的缺水问题，还促进了沿线地区的经济发展和社会稳定。在工程建设过程中也充分考虑到了环境保护和生态平衡，体现了可持续发展的理念。在面对复杂的自然条件和技术难题时，社会主义制度展现出强大的解决问题能力。南水北调工程必须克服诸如地形复杂、气候多变等困难，而这些都得到了有效的解决。第四，科学技术的应用和自主创新能力。南水北调工程促进了水利技术的创新和发展，许多关键技术和设备都是自主研发的。这反映了社会主义制度下对科技创新的支持力度，以及对关键技术自主可控的追求。在项目推进过程中，科研机构、高校和企业紧密合作，形成了良好的产学研结合机制。第五，长期发展与战略眼光。南水北调工程体现了社会主义制度下的长远发展视角。它不是为了解决一时的问题，而是着眼于未来几十年甚至更长时间内的人口增长、城市化和工业化需求。

所以，在课堂讲解中，教师应该结合实际案例和数据来说明上述各个点，使学生能够更加深刻地理解和体会到社会主义制度在大型公共工程项目中的优越性。同时，鼓励学生思考和讨论，在尊重历史成就的同时，也要关注如何进一步完善社会主义市场经济体制，以更好地服务于人民日益增长的美好生活需要。

第二节　南水北调与中国精神教学案例

一、南水北调与志愿精神

｜案例内容｜

习近平给湖北十堰丹江口库区的环保志愿者的回信[①]

湖北十堰丹江口库区的环保志愿者：

你们好！来信收到了。得知十年来越来越多库区群众加入志愿服务队伍，用心用情守护一库碧水，库区水更清了、山更绿了、环境更美了，我很欣慰。

南水北调工程事关战略全局、长远发展和人民福祉，保护好水源地生态环境，确保“一泓清水永续北上”，需要人人尽责、久久为功。希望你们继续弘扬志愿服务精神，带动更多人自觉守水护水节水，携手打造青山常在、绿水长流、空气常新的美丽中国，为推进人与自然和谐共生的现代化贡献力量。

第二个全国生态日就要到了，向全国的生态环境保护工作者、志愿者致以诚挚问候！

习近平

2024 年 8 月 13 日

---

① 《习近平给湖北十堰丹江口库区的环保志愿者的回信》，载新华网，http://www.xinhuanet.com/politics/leaders/20240814/95ac34ad85bb47a7a1a90f63ce40e176/c.html。

|案例引申|

志愿精神是志愿服务的精神内核。在新时代，志愿精神的内涵更加丰富，其育人功能更加凸显。将志愿精神融入高校思政课教学，是落实习近平总书记“‘大思政课’我们要善用之”这一重要论断的题中之义。利用志愿精神这一特殊的“大思政课”是开展思政课教学创新、增强教学针对性和实效性的有力抓手。其最直接的应用价值是提升思政课教学质量，提高大学生在思政课堂上的获得感。

丹江口库区的志愿服务活动非常丰富，涵盖了环境保护、水质保护、生态修复等多个方面。这些活动不仅有助于提升库区的生态环境质量，还增强了公众对水资源保护的认识和参与度。大概列举如下：第一，清漂护岸行动。志愿者们会定期组织清理库区水面漂浮物、水草和藻类，以及岸边垃圾和枯枝落叶。例如，丹江口市丹赵路街道办库区林场党支部书记黄金良带领的团队每天巡查库岸水域，年累计巡查里程数达2000余公里。2021年，丹江口水库首次蓄水至170米，水位抬高产生大量漂浮物，黄金良就和团队成员连续几天吃住在船上，帮助清漂任务顺利完成。[①] 第二，鱼类增殖放流活动。志愿者参加鱼类增殖放流活动，帮助恢复库区的鱼类种群，维护生物多样性。这类活动通常由中线水源公司的青年志愿者参与，他们积极宣讲中国国情、水情，介绍南水北调工程和节水知识。第三，环保宣传与教育活动。库区会通过“世界水日”“中国水周”“全国科普日”等节点，志愿者服务队开展知识宣传活动，向社会公众普及节水护水的知识和理念。同时，在学校和社会上举办讲座，提高公众对水资源保护的认识。第四，植树造林与生态修复活动。

---

① 参见《丹心护碧水——湖北省丹江口市织密“守水护水”志愿服务网》，载中国农网，https://www.farmer.com.cn/2024/08/27/wap_99963102.html。

志愿者参与植树造林和其他生态修复项目，以防止水土流失，改善库区周边环境，从而间接保护水源地的质量。第五，水质监测与科学研究支持。具备专业知识的志愿者参与到水质检测工作中，提供科学数据支持环境保护决策。这包括采集样本进行实验室分析，并将结果反馈给相关部门用于政策制定。第六，社区共建与文明村镇创建活动。丹江口市构建了“1 + 8 + N”的志愿服务体系，即组建“小水滴”志愿服务联合会，设立多个专业志愿服务协会，如清漂、护岸、红领巾、阳光、银龄、巾帼等，以及各类新时代文明实践志愿服务队。这些队伍深入社区，开展理论宣讲、护水宣传、治污净化等活动，推动文明村镇建设。并设置了积分兑换激励机制，在一些村庄设立了“积分兑换超市”，村民可以通过参加志愿服务活动获取积分，用来换取生活必需品。这种方式激发了村民们积极参与守水护水的热情。丹江口市气象局也成立了“小水滴”志愿服务分队，为库区清漂人员提供精细气象服务，发布气象灾害预警信息，确保清漂作业的安全高效。第七，日常巡河与监督。志愿者坚持每日值班巡河，劝离垂钓、游泳人员，检查是否存在污染源或非法行为，及时向有关部门报告问题并协助处理。这些志愿服务活动共同构成了一个多层次、全覆盖的护水机制，体现了丹江口库区居民及社会各界对保护这一重要水源地的高度责任感和实际行动。

｜案例运用｜

对应教材目录：本案例可适用 2023 年版《习近平新时代中国特色社会主义思想概论》第十章“建设社会主义文化强国”中的第二节“建设具有强大凝聚力和引领力的社会主义意识形态”和第三节“以社会主义核心价值观引领文化建设”。本案例可适用 2023 年版《中国近现代史纲要》第十章“中国特色社会主义进入新时代”中的第一节“开拓中国特色社会主义更为广阔的发展前景”和第二节“把新时代中国特色社会主义不断推向前进”。本案例可适用2023年版《马克思主义基本原理》第一章“世界的物质性及发展规律”中的第一节“世界的多样性与物质统一性”和第二节“事物的普遍联系和变化发展”；第三章“人类社会及其发展规律”中的第三节“人民群众在历史发展中的作用”。本案例可适用2023年版《思想道德与法治》第三章“继承优良传统　弘扬中国精神”中的第一节“中国精神是兴国强国之魂”；第四章“明确价值要求　践行价值准则”中的第三节“积极践行社会主义核心价值观”；第五章“遵守道德规范　锤炼道德品格”中的第三节“投身崇德向善的道德实践”。

| 案例教学建议 |

教师要全面地讲授南水北调工程中的志愿服务精神，可以采用多种教学方法来确保学生能够深刻理解和体会志愿服务精神。以下是几种不同教学方法的简单介绍：第一，讲授法。教师可以从南水北调工程的基本概念出发，包括其建设目的、历史背景、地理分布以及对国家水资源分配的重要意义。可以从解释志愿服务的概念、原则及其在社会中的重要性，并选取一些具有代表性的志愿服务案例，如在工程建设期间或后期维护过程中志愿者们所做的工作，以具体事例说明志愿服务的精神实质，特别强调南水北调工程中志愿者的角色和贡献。第二，案例教学法。教师可以挑选几个影响较大且富有教育意义的志愿服务案例，比如参与南水北调工程建设的技术专家志愿团队，或者是为移民提供心理辅导的社会工作者，指导学生仔细阅读案例材料，识别其中的关键人物、事件、挑战及解决方案。针对每个案例设计一系列启发式的问题，促使学生主动探索并尝试解决类似的实际问题。并且鼓励学生撰写案例分析报告，提炼出成功的经验和可借鉴之处，同时也要反思存在的不足。第三，实地考察。教师可以邀请工程项目负责人或者资深志愿者作为导游，详细介绍工程的历史沿革、技术特点以及志愿服务的具体内容。组织学生与现场工作人员、志愿者面对面交谈，倾听他们的心声和故事，增进情感共鸣。第四，体验式学习。师生可以共同制定一个小型志愿服务项目计划，例如植树造林、环保宣传、社区服务等，旨在支持南水北调工程周边地区的可持续发展。按照计划逐步推进项目实施，包括前期准备、中期执行和后期总结三个阶段。并定期收集学生的反馈意见，了解他们在活动中的收获和困惑，及时调整策略以优化学习体验。

通过上述几个角度的教学设计，教师不仅可以让学生获得关于南水北调工程和志愿服务精神的丰富知识，还能有效培养他们的社会责任感、团队协作能力和解决问题的实际能力，从而真正实现“知行合一”的教育理念。

二、南水北调与移民精神

| 案例内容 |

“吃水不忘掘井人”

南阳怀拥丹江口水库，是南水北调中线工程的重要枢纽。淅川是全国水利移民第一大县，邹庄村是水利移民的新建制村。南水北调工程建设、运行情况如何，水库移民生活得怎么样？习近平总书记一直十分关注，牵挂在心。

2014 年 12 月，习近平总书记就南水北调中线一期工程正式通水作出重要指示，要求“保障移民发展，做好后续工程筹划，使之不断造福民族、造福人民”①。

2015年新年贺词中，习近平总书记特别向这里的移民表达敬意。谈到“南水北调中线一期工程正式通水”，他说：“沿线40多万人移民搬迁，为这个工程作出了无私奉献，我们要向他们表示敬意，希望他们在新的家园生活幸福。”②

2018年4月，习近平总书记考察湖北宜昌，实地察看三峡移民新村——许家冲村，勉励乡亲们团结一心，相互关爱，相互帮助，齐心协力把新家园建设得更好。③

2020年11月，习近平总书记实地考察南水北调东线工程源头——江都水利枢纽时，再次强调：“南水北调东线工程取得的重大成就，离不开数十万建设者长期的辛勤劳动，离不开沿线40万移民的巨大奉献。”④

2021年5月13日，正在河南南阳考察调研的习近平总书记来到南水北调工程移民村淅川县邹庄村，了解移民群众生产生活情况。习近平总书记考察的九重镇邹庄村，或许是中国大地上“村龄”最短的乡村之一，建村还不到十年。然而数年间，昔日移民村蜕变为今朝生态园，村里的各种设施越来越完善，村民的生活也越过越红火。

在邹庄村村民邹新曾家的客厅里，习近平总书记感慨地说：“我

---

① 《习近平：南水北调工程功在当代，利在千秋》，载新华网，http://www.xinhuanet.com/politics/2014-12/12/c_1113626203.htm。

② 《国家主席习近平发表二〇一五年新年贺词》，载新华网，http://www.xinhuanet.com/politics/2014-12/31/c_1113846581.htm。

③ 参见《湖北省宜昌市夷陵区许家冲村——移民村的新生活》，载中国农网，https://www.farmer.com.cn/2022/04/22/99892692.html。

④ 《习近平在江苏考察时强调　贯彻新发展理念构建新发展格局　推动经济社会高质量发展可持续发展》，载新华网，https://www.xinhuanet.com/politics/leaders/2020-11/14/c_1126740143.htm。

们党的百年奋斗史就是为人民谋幸福的历史。人民就是江山。我们共产党打江山、守江山，都是为了人民幸福，守的是人民的心。”①一个全心全意为人民谋福祉的政党，一定会受到人民的爱戴和拥护。今天移民群众生活改天换地的变化，就是“吃水不忘掘井人”最动人的注解。

——摘编自《热解读 | 总书记为什么说这个新生的村庄蕴藏着伟大的精神?》②

| 案例引申 |

在当今世界，民族精神已经成为一个民族稳定发展、迈向繁荣强盛的必要精神支柱。弘扬和培育以爱国主义为核心的民族精神，是提升全民族整体素质和文明程度的关键工程，是引导公民树立正确理想信念的共同价值追求。

历经五千余年的发展，中华民族孕育出以爱国主义为灵魂的团结、和平、勤劳、自强不息的民族精神。中国共产党在长期的实践中，不断结合时代和社会的发展需求，对这一民族精神进行丰富和发展。中国共产党不仅致力于传承民族精神，还根据时代和社会的进步需求，不断培育、充实并发展民族精神，将其推向新的高度。在众多由党引领的民族精神弘扬、培育、丰富和发展的成果中，南水北调工程的40多万参与者所展现出的以爱国主义为核心的移民精神，是党领导人民在社会主义现代化建设中对民族精神进行丰富和发展的又一显著成就。

伟大的时代孕育伟大的精神。南水北调工程不仅见证了中外移

---

① 《热解读 | 总书记为什么说这个新生的村庄蕴藏着伟大的精神?》，载中国经济网，http://www.ce.cn/xwzx/gnsz/szyw/202105/14/t20210514_36559437.shtml。

② 《热解读 | 总书记为什么说这个新生的村庄蕴藏着伟大的精神?》，载中国经济网，http://www.ce.cn/xwzx/gnsz/szyw/202105/14/t20210514_36559437.shtml。

民史上令人瞩目的40多万移民的壮举，还孕育了感人至深的南水北调移民精神。以爱国、奉献、协作、拼搏、创新为核心内容的南水北调移民精神，是对以爱国主义为灵魂的民族精神的继承、丰富和发展，体现了以改革创新为灵魂的时代精神，并充分展现了民族精神的精粹。

南水北调工程中的移民精神是在改革开放的历史条件下产生的，宣传和弘扬南水北调工程中的移民精神，使民族精神更具时代感，在推进我国社会主义现代化建设和实现中华民族伟大复兴的实践中具有十分重大的意义。南水北调的移民精神是爱国主义教育的现实题材。以爱国主义为内核的南水北调的移民精神，主要体现在以国家利益为最高利益、以民族大义为最高道义的宽广胸怀和为国分忧的高尚情操。兴建南水北调工程，事关国家发展和民族振兴的大局。为服从和顾全这个大局，中央各部委、全国各地和库区各级党委、政府倾力支持，广大移民义无反顾地“舍小家，为大家”，形成了全社会、全方位、多形式、宽领域支援库区移民开发和安置的生动局面，推动了库区经济社会的全面进步和持续发展。南水北调移民表现出的协作精神，既是中华民族凝聚力的生动体现，也是社会主义制度能够集中力量办大事的优越性的充分体现，是勇破40多万移民这道世界级难题的强大动力。

南水北调工程中的移民精神是党建工作实践的典型范例。南水北调的移民精神充分体现了新时期中国共产党人的崇高风范，彰显了我们党全心全意为人民服务的根本宗旨和立党为公、执政为民的品格。在如火如荼的三峡移民大搬迁、大安置工程中，广大党员和移民干部时时为移民着想，事事以移民为先，处处以移民为重，全心全意为移民服务。他们不辞辛劳、不分昼夜，以移民满意不满意作为工作的最高衡量标准。正是这样，在破解移民这道世界级难题的过程中，基层党组织的战斗堡垒作用和党员的先锋模范作用得到充分体现，对于开展党史学习教育具有重要的现实意义。

南水北调工程中的移民精神是中华民族伟大复兴的重要精神体现。南水北调工程的移民精神是在全面建设小康社会、实现中华民族伟大复兴的进程中孕育和产生的，必然为新时代中国特色社会主义事业的推进提供强大的精神动力。南水北调工程的兴建，不仅给库区人民带来了千载难逢的发展机遇和新的期盼，也极大地激发了全国人民振兴中华的热情。当前，我国正处于实现“两个一百年”奋斗目标的历史交汇期，南水北调工程彰显的移民精神必将成为激励我们万众一心、自强不息的强大精神动力。

民族精神是文化自信的源泉。南水北调工程的移民精神是社会主义现代化建设事业的又一宝贵精神财富，是推进社会主义文化建设的重要内容。应把学习、宣传和弘扬南水北调工程的移民精神作为一项战略任务坚持不懈地抓下去，为建设社会主义现代化强国提供持久的思想保障、精神动力和智力支持。

要加强和深化对南水北调工程的移民精神的基础性理论研究，进一步挖掘其文化精髓和史学价值。利用现有的综合类博物馆、纪念馆、文化馆、图书馆、文化站等公共文化设施，充实和丰富南水北调工程的移民精神的陈列内容。可结合文明单位建设和南水北调文化遗产保护，有计划地培育和建设一批特色鲜明、富有内涵的南水北调移民文化示范村（镇)、示范街道、示范企业等，使其成为南水北调的移民精神的宣传教育基地。还应鼓励和支持以弘扬南水北调的移民精神为主题的文学艺术创作，争取形成一批立得住、叫得响、留得下的精品力作。

|案例运用|

对应教材目录：本案例可适用2023年版《习近平新时代中国特色社会主义思想概论》第十章“建设社会主义文化强国”中的第二节“建设具有强大凝聚力和引领力的社会主义意识形态”和第三节“以社会主义核心价值观引领文化建设”。本案例可适用2023年版《中国近现代史纲要》第十章“中国特色社会主义进入新时代”中的第一节“开拓中国特色社会主义更为广阔的发展前景”。本案例可适用2023年版《马克思主义基本原理》第一章“世界的物质性及发展规律”中的第一节“世界的多样性与物质统一性”和第二节“事物的普遍联系和变化发展”；第三章“人类社会及其发展规律”中的第三节“人民群众在历史发展中的作用”。本案例可适用2023年版《思想道德与法治》第三章“继承优良传统　弘扬中国精神”中的第一节“中国精神是兴国强国之魂”；第四章“明确价值要求　践行价值准则”中的第三节“积极践行社会主义核心价值观”；第五章“遵守道德规范　锤炼道德品格”中的第三节“投身崇德向善的道德实践”。

|案例教学建议|

南水北调工程是中国的一项重大战略性基础设施项目，旨在通过一系列的水利工程将南方丰富的水资源调配到北方干旱地区。这一工程不仅涉及工程技术上的挑战，还涉及社会、经济、环境等多方面的问题，特别是移民安置问题。在工程实施过程中，许多家庭和个人为了国家利益牺牲了自己的小家，搬迁至新的居住地，这期间展现出的“移民精神”值得深入探讨和学习。教师在教学中应着重于从以下几个切入点进行引导：

第一，引入背景知识。可以通过南水北调工程的基本情况，包括其历史背景、地理分布、工程规模、技术难度等，介绍政府为保障移民权益所制定的一系列政策，如补偿标准、安置措施、就业培训和社会保障等，分析移民对当地中华优秀传统文化的影响，以及如何保护和传承这些文化。

第二，突出案例选取。选择具有代表性的移民案例进行详细剖析，例如可以讲述那些积极响应国家号召，主动放弃原有生活条件，前往新区域建设家园的人们的故事；可以探讨对于一些必须迁移但不愿意离开故土的居民，政府是如何处理这类情况，并最终实现和谐搬迁的过程；可以展示部分移民群体在新环境中找到发展机遇，成功融入并改善生活质量的例子。以下是几个具体的移民故事案例：（1）蔡湾村的故事——渔民变护水员。蔡湾村位于丹江口水库南侧，是典型的移民山村。随着丹江口水库扩建，整个村庄搬迁到了距离水库边缘500米左右的新址。渔民董贤军和他的妻子原本依赖于水库捕鱼为生，在移民后他们成了保护水源地环境的志愿者。董贤军不再捕鱼，而是定期清理水库中的浮萍、垃圾等，保证水源的安全洁净。他的工作虽然变了，但仍然与水有着密切联系，并且为千里之外的人们提供了清洁的饮用水。（2）孟仁生的老家情怀。孟仁生是杨溪铺村的一位老人，他所在的村庄因为南水北调中线工程建设而经历了两次大规模移民。第一次是在20世纪60年代初建丹江口水库时，第二次则是为了满足中线工程的需求。尽管生活发生了巨大变化，孟仁生依旧对家乡充满感情。他在新建的油橄榄园中找到了新的就业机会，栽树、锄草、修剪、采收，每天辛勤工作的同时也见证了这片曾经荒芜的土地变成美丽的农业“景区”。[①]（3）王廷颜的选

---

① 《南水北调移民故事：渔民成了护水员，荒山上建起橄榄园》，载新京报网2024年12月8日，https://www.bjnews.com.cn/detail/1733658064129969.html。

择。王廷颜来自金河镇姚湾村，两个女儿住在不会被淹没的地方，不需要搬迁。但是当轮到他自己搬家时，考虑到国家需要，即使这意味着未来与家人见面不便，他也毅然决定离开。他说：“平常，女儿家做了好吃的都会给我端一碗来，搬走之后，这样的事儿恐怕办不到了。俺也不想走，可是，总不能只顾自己就让国家调不成水吧？”这种舍小家为大家的精神体现了移民们的无私奉献。[①]（4）搬迁车队的记忆。许多参与过移民工作的人员都记得那浩浩荡荡的绿色大巴车队，它们载着成千上万的移民穿越高速公路桥前往安置区。每辆车上都有护送队员陪同，确保每位移民安全抵达新居。这些车队不仅是物理上的迁移工具，更承载着人们对未知生活的希望与憧憬。以上故事只是众多移民经历中的一部分，每个故事背后都是无数个家庭和个人的真实写照，反映了他们在国家发展面前所作出的巨大贡献。通过讲述这些具体的事例，我们可以更好地理解和体会“移民精神”的深刻含义。

第三，深入讨论主题。结合习近平总书记在 2021 年 5 月 13 日对南水北调工程移民村淅川县邹庄村的考察，引导学生深入理解“移民精神”的核心价值，特别是其中“舍小家，为大家”的精神实质。

第四，实践教学设计。通过选取经典的案例，教师可以组织学生进行角色扮演或情景模拟，让学生设身处地地思考和讨论，如果自己是移民，会如何面对搬迁带来的挑战和变化。此外，还可以引导学生探讨在现代社会中，如何将“移民精神”转化为推动社会进步和个人成长的动力。例如，鼓励学生思考在面对个人职业选择、生活环境变化等情况下，如何发扬“舍小家，为大家”的精神，为

---

① 《心中永远装着移民百姓》，载新浪网，http://news.sina.com.cn/c/2011-08-29/043323066192.shtml。

社会作出贡献。

通过上述方式，可以帮助学生们全面了解南水北调工程中的移民现象，深刻体会移民精神的丰富内涵，从而激发他们的爱国情怀和社会责任感。同时，丰富多样的教学方法也有助于提升学生的综合素养和解决问题的能力。

第三节　南水北调与科技创新教学案例

一、南水北调工程之穿黄工程

｜案例内容｜

南水北调穿黄工程中的新技术

穿黄工程进口位于河南省郑州市荥阳王村镇。此处是八大名关之一虎牢关。穿黄工程全长 19.35 公里，其中明渠长 15 公里，穿黄隧洞长 4.25 公里。工程于 2005 年 9 月 27 日开工，2013 年 12 月底主体完工。由南北岸连接明渠、进口建筑物、穿黄隧洞和出口建筑物等组成，是南水北调中线一期工程的关键性、控制性工程，也被称为南水北调工程的“咽喉”工程。说它是咽喉，首先是选址在黄河孤柏渡，此处是黄河中下游分界点桃花峪的附近，也是附近河段最窄处，是名副其实的“咽喉”。其次从地理位置来看，荥阳自古就有“两京襟带，三秦咽喉”之称。春秋战国时代，从豫西走廊进入中原腹地，荥阳境内的汜水关和虎牢关是最后一道屏障。东西对抗，南北争雄，荥阳一直是兵家必争之咽喉。最后就是穿黄隧洞主要功能是输水过黄河，兼有相机向黄河补水的任务，长江水系在此与黄河第一次“握手”。因为穿黄工程的重要性、复杂性，无论是在建设期还是运行期，铸就的精神被解读出更多更深刻的意义。

这里是技术创新的殿堂。面对人类历史上最宏大的穿越大江大河工程，建设者相继攻克了超深地下连续墙施工技术、超深竖井施工技术、盾构始发技术、高地下水黄土状粉质壤土高陡坡开挖等一系列技术难题。

在穿黄工程现场，至今保留了一个被当年建设者更换下来的盾构机磨损刀头。在黄河充满泥沙、孤石且软硬不均的复合沉积地层河床之下，并排开挖两条上千米的隧洞，当时国内技术尚不成熟。为此，工程建设者决定从德国一家公司引进两台为穿黄量身定制的大型盾构机。

盾构机依靠前端的刀盘，一路旋转，吞吐黄河泥沙，一路前进。由于砂土中石英含量较高，硬度较大，盾构机掘进一段距离后，刀盘上的刀片磨损严重，不得不停下来进行检修更换。由于当时国内并不具备在这样的施工条件下更换刀片的技术。建设者向厂家求助维修，对方不仅漫天要价，在维修时间上还不能作出保证。

为了节约工期减少开支，建设者们选择了自力更生，会同多家科研机构联合攻关自行设计，选派工人外出“取经”，练习带压进仓更换刀具技术，让盾构机重新运转起来，并量体裁衣制造出了适合黄河底层特点的专用刀具，大大节省成本，保障了工程进度。穿黄工程盾构机一共进行21次带压进仓检查，历时100天。这个被更换下来的磨损刀头，是南水北调人在建设时期千方百计克服困难的一个缩影。

南水北调工程建设者不仅攻克了刀盘刀具制造难题，还勇敢地深入盾构机内部带压进仓更换刀具。这种大无畏的精神，是爱国主义精神的具体体现。今天，中线穿黄工程已经成为南水北调中线工程的标志性建筑，也是参观和了解南水北调工程的一张名片。

——摘编自《穿黄工程密码：自强　创新》①

| 案例运用 |

对应教材目录：本案例可适用2023年版《习近平新时代中国特色社会主义思想概论》第七章“社会主义现代建设的教育、科技、人才战略”中的第一节“全面建设社会主义现代化国家的基础性、战略性支撑”。本案例可适用2023年版《中国近现代史纲要》第八章“中华人民共和国的成立与中国社会主义建设道路的探索”中的第四节“中国社会主义建设道路的探索”。本案例可适用2023年版《马克思主义基本原理》第一章“世界的物质性及发展规律”中的第一节“世界的多样性与物质统一性”；第三章“人类社会及其发展规律”中的第三节“人民群众在历史发展中的作用”。本案例可适用2023年版《思想道德与法治》第一章“领悟人生真谛　把握人生方向”中的第二节“正确的人生观”；第三章“继承优良传统　弘扬中国精神”中的第一节“中国精神是兴国强国之魂”和第三节“让改革创新成为青春远航的动力”；第四章“明确价值要求　践行价值准则”中的第三节“积极践行社会主义核心价值观”。

| 案例教学建议 |

穿黄工程是南水北调中线工程的一部分。该工程通过一系列的技术创新解决了复杂的地质、水文和环境问题，成功实现了从长江流域向华北地区调水的目标。教师在讲解穿黄工程技术创新案例教

① 《穿黄工程密码：自强　创新》，载中国南水北调集团中线有限公司网，https://www.nsbd.cn/c/2022-12-13/659577.shtml。

学的过程中可以从以下几个方面着手：

第一，背景介绍。应该简要介绍南水北调工程的整体情况，包括其历史背景、目的、重要性和对国家发展的意义。重点讲述穿黄工程的具体位置、设计目标以及面临的挑战。

第二，技术难点分析。分析穿黄工程所面临的主要技术难题，如复杂地质条件（沙层、淤泥质土等）、深埋盾构施工、地下水控制、防渗处理等。讨论这些难题对工程实施的影响，以及如果不解决可能带来的风险。

第三，技术创新点讲解。深入讲解穿黄工程中的关键技术解决方案，例如，大直径盾构机的应用：如何选择适合的盾构机型，以及在施工过程中如何保证盾构机的安全高效运行。又如，防渗技术：采用何种材料和技术来确保隧道长期不漏水。再如，环境保护措施：如何最小化对周围环境的影响，特别是对黄河水质和生态系统的保护。并着重强调技术创新在提高工程质量、降低成本、缩短工期等方面的作用。

第四，案例讨论与互动。教师可以组织学生围绕穿黄工程的技术创新进行小组讨论或辩论，鼓励他们提出自己的见解和疑问。教师也可以设置一些假设性问题，比如如果遇到新的地质问题该如何应对，或者如何改进现有技术等。如果条件允许，教师可以安排一次实地考察，让学生亲身感受工程规模和技术细节，或者利用 VR 或增强现实（AR）技术提供一个虚拟的参观体验，帮助学生更直观地理解工程结构和技术应用。引导学生总结学习成果，思考穿黄工程的成功经验对于其他大型基础设施建设项目的启示。鼓励学生考虑未来可能出现的新技术和新方法，并探讨它们可能为类似项目带来的变革。通过上述步骤，不仅可以使学生深刻理解穿黄工程的重要性及其背后的技术创新，还可以培养他们的工程思维能力和解决实际问题的能力。

二、南水北调工程之沙河渡槽

｜案例内容｜

世界上规模最大的渡槽工程——沙河渡槽

位于南水北调水源地丹江口大坝200余公里处，有一座被誉为世界第一渡槽的沙河渡槽。它宛如一座空中的“立交桥”，确保一渠清水继续北上。沙河渡槽是南水北调中线工程中规模宏大、技术复杂的控制性工程之一。作为南水北调中线一期工程的一部分，沙河渡槽段工程主要负责向沙河以北地区输送和供应水资源。鉴于渡槽所经地形包括河流、洼地、山坡等多种复杂自然条件，工程团队在确保安全性、经济性和可行性的前提下，设计了由跨越沙河、大浪河的“U”形架空渡槽和接触地面的落地渡槽共同构成的综合方案。

沙河渡槽工程的起点设于沙河南岸至黄河南段的起始处，坐落于鲁山县薛寨村北侧。终点则定于鲁山坡流槽出口向南50米的位置，与鲁山北段设计单元相连。该工程的主体设计流量为每秒320立方米，而其加大流量则为每秒380立方米。起点断面的设计水位定为132.37米，而终点的设计水位则为130.489米。整个渠段的总长度为11.963公里，其中明渠部分长2.888公里，而建筑物部分则长达9.075公里。

沙河渡槽的设计与施工采用了多项领先国内外的技术。首先，其规模宏大，综合考虑流量、跨度、重量和总长度等关键指标，沙河渡槽位居世界之首。其次，架设重量巨大，单个渡槽的重量达到1200吨，成为国内架设预制渡槽之最。再次，架设难度极高，渡槽采用U型结构，最大高度达到9.6米，远超一般桥梁的箱梁高度。由于渡槽的薄壁结构特性，架设过程中采用了“槽上运槽”的创新方法，使得架设难度进一步增加。最后，结构复杂性显著，渡槽采用了大跨度薄壁双向预应力结构，其空间结构受力情况极为复杂。

——摘编自《南水北调中线沙河渡槽工程》①

| 案例运用 |

对应教材目录：本案例可适用2023年版《习近平新时代中国特色社会主义思想概论》第七章“社会主义现代建设的教育、科技、人才战略”中的第一节“全面建设社会主义现代化国家的基础性、战略性支撑”。本案例可适用2023年版《马克思主义基本原理》第一章“世界的物质性及发展规律”中的第一节“世界的多样性与物质统一性”；第三章“人类社会及其发展规律”中的第三节“人民群众在历史发展中的作用”。本案例可适用2023年版《思想道德与法治》第一章“领悟人生真谛　把握人生方向”中的第二节“正确的人生观”；第三章“继承优良传统　弘扬中国精神”中的第一节“中国精神是兴国强国之魂”和第三节“让改革创新成为青春远航的动力”；第四章“明确价值要求　践行价值准则”中的第三节“积极践行社会主义核心价值观”。

| 案例教学建议 |

沙河渡槽作为南水北调中线工程中的重要组成部分，是一个极具代表性的大型水利工程案例。它不仅在技术上实现了许多创新，还在施工过程中克服了诸多挑战。教师可以针对沙河渡槽案例进行

① 《南水北调中线沙河渡槽工程》，载中华人民共和国水利部南水北调工程管理司网，http://nsbd.mwr.gov.cn/zx/zj/2018tfnsbd/4/202209/t20220904_1500555.html。

以下教学设计：第一，基础知识与背景介绍。教师要向学生讲清楚沙河渡槽的基本信息，包括其地理位置、设计规模（如长度、宽度、高度）、输送水量等。讲解南水北调工程的背景和意义，以及沙河渡槽在整个工程体系中的作用。第二，工程技术分析。教师在教学过程中要详细介绍沙河渡槽的结构形式（如U型槽或箱型渡槽），建筑材料的选择（如预应力混凝土），以及这些选择背后的工程考虑。第三，技术创新。教师要在课堂上探讨沙河渡槽在设计和施工过程中应用的新技术和新方法，例如：预应力技术的应用，以提高结构的安全性和耐久性；环境友好型施工技术，减少对周边环境的影响；先进的监测系统，确保施工质量和后期运营安全。第四，施工难点及解决方案。教师要讨论如何应对沙河渡槽沿线复杂的地质条件（如软土地基、地下水丰富等），采取了哪些特殊的地基处理措施，分析施工期间遇到的不利天气条件（如极端高温、暴雨等）及其应对策略，说明为保护当地生态环境所采取的措施，比如水土保持、植被恢复等。第五，互动式学习活动。教师可以让学生分组研究沙河渡槽的不同方面，并准备汇报材料，在课堂上分享他们的发现和见解。也可以模拟一个工程项目管理会议，学生扮演不同角色（如项目经理、工程师、环保专家等），共同解决施工过程中的实际问题。可以围绕沙河渡槽建设的社会经济效益与环境代价展开辩论，培养学生的批判性思维。如果可能的话，组织一次实地考察，让学生亲身体验沙河渡槽的宏伟和工程技术的魅力。

也可以利用VR或AR技术提供虚拟访问体验，帮助学生更直观地了解工程细节和技术应用。引导学生关注水利工程建设领域的最新发展动态和技术趋势，了解当前的研究热点和未来发展方向。通过上述步骤，可以有效地将沙河渡槽这一典型案例融入课堂教学中，不仅能让学生掌握相关专业知识，还能培养他们的实践能力和创新能力。

第四节　南水北调与生态文明教学案例

一、南水北调工程的生态效益显著

｜案例内容｜

南水北调生态效益日益显现

南水北调东中线一期工程全面通水十年来，华北地区地下水位持续回升、湖泊河流生态环境改善、人居景观提升，生态效益日益显现。

在冬季的“华北之肾”白洋淀，湖面尚未完全冻结。船只在水面上缓缓前行，枯黄的芦苇划出错综复杂的水道，水鸟不时从其中惊起，飞越天际后消失在视野尽头。李小卯，一位来自河北安新县赵北口镇李庄子村的船工，一边指引着，一边生动地描述了白洋淀近年来的变迁：水面面积一度缩减至不足200平方千米，而今已扩展至近300平方千米，再次成为鸟类的乐园。

曾经，作为河北正定古城的守护者，滹沱河经历了长达四十余年的断流，其宽达两公里的河床干涸无水，仅在狂风肆虐时，漫天飞舞的黄沙昭示着昔日的荒凉。如今，滹沱河全流域恢复了流淌，夕阳的余晖映照在宽阔的河面上，芦苇丛生，重现了文天祥诗中所描绘的“横流数仞绝滹沱”的壮丽景象。

1996年，曾一度断流的北京母亲河永定河首次实现了全年全线流动。天津市区的海河水位得到提升，水质亦有所改善。此外，长期处于“干涸”状态的京杭大运河实现了全线水流的贯通。在华北地区，包括白河、淇河、安阳河、滏阳河、七里河在内的50余条河流，均实现了生态复苏。

俯瞰之下，南水北调中线干渠宛若一条蓝色的绸带，横贯历史悠久的河南焦作市。焦作火车站毗邻干渠，过去该地区曾是环境恶劣的棚户区。然而，现今干渠两侧已新建了“天河公园”，长达10公里的沿岸绿道上种植了超过300种树木，吸引了众多市民前来散步和跑步，络绎不绝。邢台的名泉黑龙潭复涌后，水泡从5米深的水底涌出，汇聚成百亩的水面，成为游客争相前来观赏的热点。

——摘编自《南水北调工程生态效益日益显著》①

｜案例运用｜

对应教材目录：本案例可适用2023年版《习近平新时代中国特色社会主义思想概论》第十二章“建设社会主义生态文明”中的第一节“坚持人与自然和谐共生”和第二节“建设美丽中国”。本案例可适用于2023年版《毛泽东思想和中国特色社会主义理论体系概论》第四章“社会主义建设道路初步探索的理论成果”中的第一节“初步探索的重要理论成果”。本案例可适用2023年版《马克思主义基本原理》第一章“世界的物质性及发展规律”中的第二节“事物的普遍联系和变化发展”。本案例可适用2023年版《思想道德与法治》第四章“明确价值要求　践行价值准则”中的第三节“积极践行社会主义核心价值观”；第五章“遵守道德规范　锤炼道德品格”中的第一节“社会主义道德的核心与原则”和第三节“投身崇德向善的道德实践”。

｜案例教学建议｜

在讲述南水北调故事中的生态效益时，教师可以采取以下的教

① 《南水北调工程生态效益日益显著》，载新华网，http://www3.xinhuanet.com/politics/20241212/3226f73e54ca4e9c8e720ff9e4aee290/c.html。

学设计：第一，引入真实案例。通过具体的案例分析来展示南水北调工程对改善生态环境的实际效果，比如某些湖泊或湿地的恢复情况、地下水位回升等；解释为什么需要持续进行生态监测和研究工作，以评估南水北调工程的长期影响，并根据最新的科学发现调整管理策略。可以借助图片、视频和动画等多媒体资料，帮助学生更直观地理解南水北调工程如何影响生态系统，以及这些变化对学生生活环境的影响。如果条件允许还可以安排学生参观与南水北调相关的设施或受其影响的自然区域，如水库、河流、湿地公园等，让学生亲身体验生态效益。第二，设计学习任务。教师要引导学生探讨如何在满足人类用水需求的同时保护自然环境，使学生认识到两者之间微妙的关系及寻求最佳解决方案的重要性。让学生分组完成关于“如何优化南水北调工程生态效益”的课题研究，鼓励他们提出创新性的想法和建议。教师要教导学生如何收集、分析相关数据（如水质参数、生物多样性指标等），并用这些数据来支撑自己对于南水北调工程生态效益的观点。通过上述方法，可以使学生更加深刻地理解南水北调工程背后复杂的生态学原理及其对环境和社会产生的深远影响。

二、南水北调与永续发展

| 案例内容 |

共护一库碧水

蒋德新是湖北十堰丹江口市新港经济开发管理处新港社区的居民，今年63岁，祖上三代都是渔民。初中毕业后，蒋德新继承了父亲留下来的渔船，成为丹江口库区的新一代渔民。

黝黑的皮肤，如沟壑般的皱纹，见到蒋德新，握一下他有力的大手，立刻能感觉到这是一名“老把式”。“从打鱼到护水，我一辈子都在和丹江口库区的水打交道，我在库区长大，更要用心爱护它。”蒋德新说。

2021年，汉江干流十堰段实行全面禁捕。虽然舍不得，但蒋德新还是放弃了打鱼的生计，成为新港经济开发管理处第一批上岸的退捕渔民。

离开了水面，蒋德新并不习惯。后来，丹江口市成立了一支志愿服务队，并为服务队配置了一艘小船，用于日常巡江和水上救援。成为志愿服务队的一员后，蒋德新几乎每天早上七八点就出门，驾船沿着丹江口大坝下游近2公里长的河岸线巡查4次以上，检查河道的环境卫生状况，清理沿岸垃圾。

以前打鱼的时候，蒋德新总希望满载而归，现在他每天最希望“空手而回”。“我带回的东西越少，说明环境越好。”蒋德新说。

在蒋德新的带动下，越来越多退捕渔民、社区干部、群众加入志愿服务队伍，队员逐渐从16人增加到186人。“只要我的身体允许，我就会一直干下去。”蒋德新说。

去年，丹江口市成立了“小水滴”守水护水志愿服务队，蒋德新所在的志愿服务队全部加入。截至目前，丹江口市已成立336个“小水滴”守水护水志愿服务队，实名注册志愿者近9万人。“越来越多的人加入守水护水的队伍，库区的环境一定会越来越好。”蒋德新说。

——摘编自《聚焦湖北：用心用情守护一库碧水》[①]

---

① 《聚焦湖北：用心用情守护一库碧水》，载《人民日报》2024年8月16日，第6版。

| 案例运用 |

对应教材目录：本案例可适用2023年版《习近平新时代中国特色社会主义思想概论》第十二章“建设社会主义生态文明”中的第一节“关乎中华民族永续发展的根本大计”和第二节“牢固树立生态文明建设的系统观念”。本案例可适用2023年版《马克思主义基本原理》第一章“世界的物质性及发展规律”中的第一节“世界的多样性与物质统一性”。本案例可适用2023年版《思想道德与法治》第三章“继承优良传统　弘扬中国精神”中的第一节“中国精神是兴国强国之魂”；第四章“明确价值要求　践行价值准则”中的第三节“积极践行社会主义核心价值观”；第五章“遵守道德规范　锤炼道德品格”中的第三节“投身崇德向善的道德实践”。

| 案例教学建议 |

教师在讲述南水北调故事中的生态效益时，建议可以从以下几个方面展开：第一，工程背景的普及。介绍中国水资源分布极不均衡，南方水量充沛，而北方则相对匮乏的水资源分布特点。解释为什么需要进行这样的大规模调水工程，包括人口增长、经济发展带来的用水需求增加等。讲解东线、中线和西线工程的具体路径及其特点。分析每条线路对不同区域的影响，如农业灌溉、城市供水、工业用水等。第二，生态效益的重要性。教师要强调生态系统的完整性对于人类生存和发展的重要性。要从解释如何在保证调水的同时保护生态环境，比如维护河流的自然流动性和水质质量。要组织学生讨论工程调水的同时，沿线城市在水质改善、生物多样性保护、土地利用优化等方面的具体举措，探讨如何在发展经济的同时保持生态平衡，避免过度开发导致环境恶化，讨论可持续发展的理念以及如何应用于大型水利工程。教师也可以选择一些具体案例来说明南水北调工程对当地生态产生的积极影响，如某条河流或湖泊因为调水而水质得到显著改善。分享成功经验及遇到的问题和挑战，使学生能够全面了解实际情况。

通过上述多角度的教学方法，不仅可以加深学生对南水北调工程的理解，还能增强他们对环境保护的认识，并激发他们对未来水资源管理的兴趣和责任感。

第六章 新时代高校思政课讲好南水北调故事的路径创新

2024年5月，习近平总书记对学校思政课建设作出重要指示，强调要“守正创新推动思政课建设内涵式发展，不断提高思政课的针对性和吸引力”①。挖掘好南水北调故事中的丰富内容，有助于增强高校思政课的针对性和吸引力，通过讲述南水北调工程背后的历史、文化、科技和生态等多方面内容，可以为高校思政课提供生动的案例和素材。这些内容不仅能够帮助学生理解国家重大战略决策的深远意义，还能够激发他们的爱国情感和社会责任感。将南水北调故事融入高校思政课，还可以促进学生对中国特色社会主义道路、理论体系和制度优势的深入理解，让高校思政课将更加贴近学生实际，更加生动有趣，从而有效提升思政课的教学效果。

南水北调工程不仅是一项宏伟的水利工程，还承载着丰富的文化内涵和历史意义，是新时代背景下一个非常契合时代需求的优秀故事。同时，它也代表了地方的特色文化资源，具有鲜明的地域特色和文化价值。因此，在新时代高校思政课中，讲好南水北调故事显得尤为重要。为了更好地将南水北调故事融入高校思政课，建议

---

① 《习近平对学校思政课建设作出重要指示强调 不断开创新时代思政教育新局面 努力培养更多让党放心爱国奉献担当民族复兴重任的时代新人》，载新华网，http://www.xinhuanet.com/politics/20240511/e1109346d3b948169ac1ddcc45b45590/c.html。

从以下几个方面作为前提进行展开。

第一节　搭建好南水北调故事的研究平台

要高度重视对南水北调这一国家战略性工程的历史和文化内涵的研究，深化对该重要大国工程的理解和精神的传承。为了进一步提高研究的深度与广度，应力争构建一系列高端的研究平台，这些平台旨在集合国内外的学术资源，促进跨学科的交流与合作，从而全方位地提升精神文化研究的整体水平。这样的学术高地将为研究者们提供宝贵的资源和条件，使得他们能够深入挖掘南水北调故事背后的丰富内涵，进而彰显中原地区的独特文化气质。

在当前的形势下，我国已经建立了众多致力于南水北调工程研究的学术机构，这些机构遍布全国，包括但不限于南水北调干部学院、河南财经政法大学南水北调研究院，以及南阳师范学院南水北调精神研究院等。这些机构不仅为研究南水北调工程提供了坚实的研究平台，而且成了学术交流和思想碰撞的活跃场所。它们在推动南水北调工程研究方面发挥了重要作用。除此之外，为了进一步加强和深化对南水北调工程的研究工作，建议成立更多的研究中心。这些新的研究中心将专注于南水北调工程的各个不同方面，例如社会影响、经济变革、生态环境效应等。通过这些多维度的研究中心，我们期望能够更全面地剖析南水北调工程这一伟大工程的深远意义，从而为我国的水资源管理和区域发展提供更加科学和全面的理论支持。

为了确保这些研究中心能够高效运作，应建立对南水北调研究必要的经费保障，这不仅包括基础的研究资金，还包括对于创新项目的奖励和支持。同时，应鼓励这些研究机构推出一系列以南水北调为主题的文化产品，如书籍、纪录片、展览等，通过多元化的形式将这一历史故事在中原大地上立体地呈现出来，使之不仅富有深刻的内涵，而且生动活泼，充满吸引力，从而增强人民群众对南水北调工程的认识和理解，加深大众对这一大国工程的情感连接。此外，还应考虑建立一个专门的基金，用于支持那些致力于南水北调相关研究的学者和专家，以促进研究的深入和创新。同时，通过举办研讨会、讲座和交流活动，可以进一步促进知识的传播和学术的交流，为南水北调工程的研究提供一个更加开放和包容的平台。此外，还可以通过与教育机构合作，将南水北调的知识融入课程和教学中，让年轻一代从小就能够了解和认识到这一伟大工程的重要性和意义，从而培养他们对国家重大工程的认同感和自豪感。

第二节　凝练好南水北调故事的研究课题

为了进一步深化我们对南水北调这一宏伟工程及其背后故事的理解与探讨，我们必须在学术探索的道路上迅速而精准地捕捉研究的关键时刻，从而牢牢掌握研究的主动权。首先，我们应当加速推进对南水北调故事的研究进程。这要求我们坚定不移地以学术研究为核心，密切关注南水北调故事研究领域的最新动态和趋势。利用现有的研究中心和平台，我们应积极主动地申请以南水北调故事为主题的各种研究课题，以加快研究的进展速度。同时，我们还应以极高的责任感和使命感，深入挖掘和探究南水北调工程背后的历史故事和文化内涵，以期能够更全面、更深刻地理解这个伟大的工程。通过这样的研究和探索，我们希望能够更好地传承和发扬南水北调精神，让这一精神在新时代焕发出新的光彩。此外，我们还应该鼓励跨学科的合作，因为南水北调工程不仅仅是一个技术问题，它还涉及社会学、环境科学、经济学等多个领域。通过跨学科的视角，我们可以更全面地评估南水北调工程的长远影响，包括它对环境的改变、对社会经济的推动作用以及对区域发展的影响。同时，我们还应该注重研究成果的普及和教育，让更多的人了解南水北调工程的重要性和它所承载的历史文化价值。通过举办讲座、研讨会和展览等活动，我们可以激发公众对南水北调工程的兴趣，增强他们的环保意识和水资源保护意识。此外，我们还应该利用现代信息技术，如建立专题网站、开发互动应用程序等，来传播南水北调的故事和知识，让公众能够更加便捷地获取相关信息。通过这些方式，我们不仅能够促进学术研究的深入，还能够为社会公众提供一个了解和参与南水北调工程的平台，从而在全社会范围内形成对南水北调工程的广泛认知和支持。

其次，我们要提高南水北调故事研究的关注度。选择适当的时机，如每年可以在 12 月 12 日前，在省级报纸和媒体上设立“南水北调故事研究”的专栏，邀请国内享有盛誉的专家学者撰写相关的理论文章，通过专题研究的方式，提升社会对南水北调故事研究的认知和兴趣。我们要让更多的人了解南水北调工程背后的故事，认识到这个工程的重要性和深远意义，从而引发社会各界的关注和讨论。

最后，我们应当拓宽对南水北调故事研究的视野，采取多维度的视角来深入探讨这一宏伟工程背后的故事。通过扩展研究的范围，我们可以更加全面地理解南水北调工程的内涵。例如，我们可以从南水北调故事与中国共产党人的精神血脉之间的深刻联系、南水北调故事如何体现党的领导的政治优势，以及南水北调故事与社会主义核心价值观之间紧密的联系等角度，来深化我们对这一工程的认识和理解。这不仅有助于我们从全局和长远的角度审视南水北调工程，而且能够从中挖掘出更多宝贵的经验和启示。这些经验和启示对于推动我国的经济社会发展和生态文明建设具有重要的理论支撑作用，能够为相关政策的制定和实施提供有力的指导。

总之，深化对南水北调工程背后故事的理解与探讨，是我们每一个研究者的责任和使命，要以高度的使命感，去深入挖掘和研究南水北调工程背后的故事，为我国的经济社会发展和生态文明建设贡献出河南理论界的研究力量。

第三节　打造好南水北调故事的研究团队

为了深化南水北调故事的研究，我们加强研究团队的建设工作势在必行。这就要求我们全面整合来自国内外的研究力量，聚集一批优秀的相关研究人才，以此为基础，才能推出更多具有高水准的研究成果。构建一个强大的南水北调故事研究团队，不仅需要马克思主义理论学科、社会学、历史学等学科的共同协作，从多个视角深入推动研究工作的进展，同时也需要政府机构、智库组织、学术界等多方面的通力合作，将来自不同学科、专业和领域的力量汇聚起来，形成一股强大的跨学科、跨专业、跨领域的研究力量。

加强研究团队建设的过程中，我们需要注重人才的选拔和培养，确保研究团队成员具备较高的专业素养和综合能力。此外，我们还需建立健全的团队协作机制，促进团队成员之间的交流与合作，形成良好的团队氛围。同时，我们应积极争取政府机构、智库组织、学术界等各方面的支持与配合，为研究团队提供充足的资源保障。

通过全面整合研究力量，构建一支强大的南水北调研究团队，我们将能够从多个维度、多个层面深入挖掘和研究南水北调故事，为我国的水资源调配事业提供有力的理论支撑和实践指导。在此基础上，有望将南水北调故事的研究工作推向一个新的阶段，为后人留下宝贵的遗产。

总之，加强南水北调研究团队的建设工作，是深化南水北调故事研究的关键。只有通过全面整合研究力量，构建一支强大的跨学科、跨专业、跨领域的研究团队，我们才能为南水北调故事的研究提供更广阔的视野、更深入的洞察和更有力的理论支撑，推动南水北调故事的研究工作迈向新的高度。这将有助于提升在南水北调研究领域的核心竞争力，为我国大国工程的理论研究作出贡献。

第四节　做好南水北调故事的内容选择

高校思政课的教学内容选择至关重要，它不仅直接影响教学效果和学生的学习兴趣，还关系教育目标的实现和社会责任的履行。教学内容的选择直接决定了思政课传递给学生的价值观和世界观。恰当的教学内容有助于引导学生树立正确的价值观念，增强对中国特色社会主义的道路自信、理论自信、制度自信和文化自信。

一、加强南水北调故事与时代相结合

在信息传播的众多要素中，好故事无疑扮演着核心的角色，它不仅承载着南水北调工程深厚的精神内涵，而且成为推动其产生深远影响的主要动力源泉。这些好故事不仅是对历史精神的高度凝练，

更是人民群众所喜闻乐见的文化盛宴。在所有精神传播活动中，叙事的精妙构建始终占据着首要地位。唯有通过构建出好的故事，我们才能实现价值观的持久传播，并发挥其潜移默化的教育作用。南水北调工程是一项跨越数千公里的伟大工程，历时超过半个世纪，其间孕育了无数值得挖掘和整理的精彩故事。这些故事能够使历史的片段穿越时间的长河，保持其持久的新鲜感和活力。在讲好南水北调故事的过程中，我们应重点突出其蕴藏的精神财富，特别是东线和中线工程建设中的全体参与者、建设者、经历者。在长达半个世纪的共同奋斗中，他们所共同经历的、共同奋斗的、共同取得的成就以及共同的回忆，构成了南水北调故事的核心与底蕴。这亦是我们在弘扬过程中应重点凸显和阐释的。同时，这也是得到社会成员普遍认同的关键所在。而社会成员普遍认同感的构建，离不开对南水北调历史的深入、清晰的挖掘。我们知道，个体记忆往往是零散的、复杂的、模糊的，必须通过社会形式的系统化整理。只有通过深入发掘，借助一定的线索，才能形成社会成员共同的、清晰的、有序的集体记忆。这种集体记忆，既能够加深对参与者已有认知体验的巩固和提升，又能够引导整个社会成员树立起普遍的共同记忆和实现价值认同。因此，讲好南水北调故事，是弘扬其精神内涵的基本前提和不可或缺的步骤。只有先构建起系统完整、逻辑清晰的南水北调记忆，才能有对南水北调精神所阐述的价值观和概念体系的认可。尽管目前已出版了大量关于南水北调工程、移民和建设的回忆资料，但这些模糊、松散的个人回忆并不能直接等同于优秀的叙事。优秀叙事的产生需要像酿造佳酿一样，耐心地发掘、提炼、升华。只有将这些个人经历转化为民族的宝贵记忆，转化为时代的共同视角，转化为国家的光辉历史，才能真正实现南水北调故事的深远影响和持续传承。

讲述南水北调故事时，要突出其时代性，可以从以下几个角度入手，以确保故事既贴近现实又具有深远的历史和未来意义：第一，体现国家发展战略。南水北调是我国政府为解决水资源分布不均问题而实施的重大战略决策。可以强调这项工程如何符合中国可持续发展的长远规划，以及它在实现"两个一百年"奋斗目标中的重要作用。第二，反映科技进步与创新。要突出工程建设过程中所采用的先进技术和创新解决方案，如隧洞掘进机、大型泵站设计等，展示中国在水利工程领域的技术实力和发展水平。这不仅体现了当代中国的科技成就，也展示了中国对环境保护和技术革新的重视。第三，关注民生改善和社会效益。讲述南水北调工程给沿线地区带来的实际变化，包括城市供水保障、农业灌溉条件改善、生态修复等方面。通过具体案例或个人故事，展现这一工程是如何切实提升民众生活质量的。第四，强调生态保护与绿色发展。强调南水北调工程在规划和建设中遵循的生态优先原则，介绍工程采取的各种环保措施及其成效，比如水质保护、湿地恢复等。说明它是如何推动绿色发展理念的具体实践。第五，展望未来发展潜力。科研分析南水北调工程对未来区域协调发展的影响，特别是对于促进中西部地区经济发展、加强南北经济联系等方面的潜在价值。还可以探讨随着全球气候变化加剧，该工程在未来可能扮演的角色。可将南水北调放在全球水资源管理和调配的大背景下考虑，讨论它对中国乃至世界水资源管理提供的经验和启示。同时，也可以提及中国在此领域与其他国家的合作交流情况。通过以上这些角度来讲述南水北调故事，不仅可以凸显其作为一项伟大工程的时代特征，还能使受众更好地理解这一项目在中国现代化进程中的重要意义。

二、加强南水北调故事与教材相结合

将南水北调故事与思政课教材相结合，可以为学生提供一个现实世界的案例研究，以更生动和具体的方式理解抽象的理论概念。这种结合不仅可以增强学生对课程内容的理解，还可以培养他们分析实际问题的能力，具体可以从以下几个方面着手：第一，引入背景信息。首先，在教授相关章节前，介绍南水北调工程的基本背景：它是中国一项宏伟的水资源配置项目，旨在通过一系列运河、隧道和管道系统将南方丰富的水资源转移到北方干旱地区。这一工程体现了国家在解决区域发展不平衡问题上的决心与努力。第二，强调社会价值。讨论南水北调工程的社会价值，如改善民生、促进经济发展、保护生态环境等。这有助于学生认识到大型基础设施建设对于提升人民生活质量的重要性，并理解政府如何利用有限资源实现公共利益最大化。还可以从哲学角度出发，探讨人与自然的关系。南水北调工程是一个典型的人类改造自然的例子，但同时也引发了关于可持续发展的深刻思考。教师可以通过这个案例引导学生思考人类活动与环境保护之间的平衡点在哪里，以及我们应采取何种态度对待自然资源。还可以讲解工程背后涉及的经济决策过程，包括成本效益分析、资金筹集方式、收益分配机制等内容。这不仅能让学生了解重大项目的运作模式，还能加深他们对宏观调控政策的认识。第三，重点关注工程技术成就。教师可以详细介绍工程建设过程中所运用的新技术、新材料及其创新点。例如，长距离输水的技术难题是如何被攻克的？这些成就反映了我国科技进步水平及自主创新能力的提升，能够激发学生的民族自豪感和技术报国情怀。分享南水北调工程在项目规划、实施、监督等方面的管理经验。特别是如何协调多部门合作、处理跨区域利益关系等问题上积累的成功做法，这对培养学生团队协作精神和社会责任感具有重要意义。并且，在这个过程中，教师可以鼓励学生对南水北调工程进行批判性评价，比如考虑其可能带来的负面影响（如生态破坏）或长期效益评估。通过这种方式，帮助学生建立全面看待事物的观点，学会权衡利弊作出理性判断。可以将南水北调工程与当前热议话题相联系，如气候变化下的水资源管理挑战、“一带一路”倡议中的国际水利合作机遇等。这样可以使教学内容更加贴近现实生活，提高学生的参与度和学习兴趣。第四，做好实践环节设计。教师可以考虑到高校思政课的特点，适当安排一些实践活动，如组织参观当地水利工程设施、邀请专家讲座、开展小组讨论或模拟辩论赛等形式，让学生亲身感受并参与到有关议题的研究中，从而达到更好的教育效果。总之，通过以上多种途径将南水北调工程融入思政课的教学中，既能丰富课堂教学内容，又能有效促进学生综合素质的发展。

三、加强南水北调故事与大学生特点相结合

为了讲好适合大学生特点的南水北调故事，我们需要精心设计教学内容和方法，确保故事既能够激发学生兴趣，又能够传达重要的知识和价值观。以下是详细的策略，涵盖了从教学内容的选择、教学方法的设计到评估反馈的全过程。

首先，我们必须明确教育对象的核心特征。在新时代背景下，大学生群体展现出强烈的求知欲望，正处于知识储备的关键时期，对新奇事物表现出浓厚的兴趣。他们对社会议题表现出高度关注，开始深入思考个人与社会之间的联系，并对国家的发展进程及社会责任承担表现出积极的关心。此外，当代大学生普遍具备利用互联

网及技术工具高效获取信息的能力。来自不同地域的学生带来了各自独特的生活经历和观点，为学术讨论和交流提供了多元化的视角。

其次，要合理构建故事的叙事框架。要强化故事性，强调参与工程的人们如何克服重重困难，如恶劣的自然条件、技术难题等，展现人类智慧和勇气，要突出工程中的关键决策时刻和里程碑事件，以及它们所带来的深远影响。要加入一些温情脉脉的故事元素，比如建设者的生活点滴、移民家庭的新生活等，使故事更加贴近人心。

再次，要注重学科交叉融合。要从多学科视角，邀请不同专业的教师或专家共同授课，从水利工程、环境科学、经济学等多个角度解读南水北调工程，拓宽学生的视野。要选择具体的工程案例进行深入剖析，如某段输水渠道的设计建造过程、特定区域的水资源管理措施等，帮助学生将理论知识应用于实际情境中。要引入最新的研究成果和技术进展，如智能监控系统在工程维护中的应用，让学生感受到学科发展的动态性和前瞻性。

从次，要进行互动式学习。要通过组织模拟会议或谈判场景，让学生分别扮演政府官员、科学家、居民等角色，讨论工程实施过程中遇到的问题及解决方案，培养他们的批判性思维和沟通能力。如果条件允许，安排参观南水北调工程现场或其他相关水利设施，通过亲身体验加深理解；也可以利用 VR 或 AR 技术创建沉浸式学习环境。要鼓励学生组成团队开展研究项目，如水质监测、生态影响评估等，并在课堂上展示成果，锻炼其科研能力和合作精神。另外，要利用多媒体资源，制作高质量的教学视频，采用航拍、微观摄影等多种手法展现工程全貌，配以生动的解说词和背景音乐，提升视觉冲击力，对于复杂的原理和技术细节，通过动画形式直观呈现，降低理解难度。

最后，社会责任感教育。要通过引导学生参与水资源保护相关的志愿活动，如清理河道垃圾、宣传节水理念等，增强环保意识和社会责任感。指导学生针对当地水资源状况进行调查研究，撰写报告并提出改进建议，培养解决问题的能力。要将南水北调工程置于全球水资源管理和调配的大背景下讨论，探讨各国的经验教训，激发学生为实现可持续发展目标贡献力量的愿望。

要利用微博、微信公众号、抖音短视频等流行的社交平台，发布有关南水北调工程的小知识、趣闻轶事、精美图片等内容，吸引更多年轻人的关注。要尝试与其他领域进行跨界合作，例如，与知名动漫公司合作创作关于南水北调的漫画作品，或者与音乐人共同谱写一首赞颂这项伟大工程的歌曲，甚至可以考虑推出以南水北调为主题的文创产品系列，如纪念邮票、明信片、T 恤衫等，让这个故事更加贴近年轻人的生活。

通过上述多方面的努力，可以使南水北调故事更好地适应大学生的特点，不仅能够提升他们对专业知识的兴趣，还能促使他们思考个人成长与国家发展之间的联系，从而成为具有社会责任感的新一代建设者。

第五节　创新好南水北调故事的传播载体

为了深入研究和广泛传播南水北调故事，我们需要制定一个全面且立体的战略规划，这两者应当相互支持，共同推进。首先，建立一个多元化的传播平台至关重要。我们可以以南水北调博物馆、移民纪念馆、生态文化示范带等为核心节点，同时，利用南水北调工程的一些标志性建筑，如渠首、穿黄工程、沙河渡槽工程等，作为爱国主义教育基地。传播手段方面，要将书籍、报纸、电视、电影等传统媒体与新媒体进行深度融合，同时，引入三维、AR 等虚拟技术，丰富故事的表现形式，从而打造一个全方位、多维度的传播平台，以加强社会大众对南水北调故事的认知和接受度。此外，我们还应考虑通过教育课程和公共讲座等方式，将南水北调故事融入人们的日常学习和生活中，让公众能够更加直观地了解这一伟大工程的历史意义和现实价值。通过这些综合性的措施，我们能够确保南水北调故事得到更广泛和深入的传播，从而在全社会范围内形成对这一历史性工程的深刻理解和广泛认同。

为了实现这一目标，我们还需要考虑如何将南水北调的故事与公众的日常生活紧密联系起来。这包括在社区中心、学校、图书馆等公共场所举办展览和互动活动，让公众能够亲身体验和参与其中。同时，我们可以通过制作南水北调主题的纪录片、动画、游戏等，利用多媒体和互动技术，让故事更加生动和吸引人。此外，与教育机构合作，开发专门的教育材料和课程，将南水北调的历史和科学知识融入学生的课程中，也是提高公众认知度的有效途径。通过这些多样化的传播方式，我们不仅能够提升公众对南水北调工程的认识，还能够激发他们对水资源保护和可持续发展的兴趣和责任感。

其次，为了确保南水北调工程的深远影响和意义能够深入人心，我们需要精心设计并实施一个分阶段的宣传教育计划。这个计划将覆盖从小学到大学的各个教育层次，构建一个全面的教育体系，确保南水北调的故事能够在学生心中扎根并逐渐深化。在小学阶段，我们的目标是通过生动有趣的故事讲述方式，让孩子们对南水北调这一宏伟工程有一个初步而直观的了解，包括它的基本概念、目的和一些简单的工程原理。通过这种方式，我们希望激发孩子们的好奇心和探索欲，让他们对这一国家重大工程产生兴趣。

进入中学阶段，随着学生认知水平的提高，我们将采取更为详细和深入的教学方法，讲解南水北调工程的技术细节、工程挑战以及它在解决我国水资源分布不均问题上的重要作用。我们还将探讨这一工程对社会、经济和环境的多方面影响，以及它是如何体现我国在大型基础设施建设方面的技术进步和创新能力。通过这些内容的学习，学生将能够更全面地理解南水北调工程的深远意义。

到了大学阶段，我们的教育目标是引导学生进行更为深入的思考和研究。我们将鼓励学生们从历史、文化、社会和环境科等多个角度，深入剖析南水北调工程背后的故事，探讨它与中华优秀传统文化、革命文化、社会主义先进文化的紧密联系。我们希望学生们能够认识到南水北调不仅仅是一项伟大的工程，它还承载着中华民族的智慧和精神，是民族复兴和文化自信的重要体现。通过这样的教育，我们期望能够为学生们树立起坚定的文化自信，为他们将来成为国家的栋梁之材打下坚实的基础。

最后，我们应当致力于将南水北调这一宏伟故事深入人们的日常生活中。具体而言，可以将工程的启动、通水仪式以及一些具有里程碑意义的标志性建筑的竣工等关键时刻，设立为具有纪念意义的特殊日子，并围绕这些日子举办一系列丰富多彩的纪念活动。此外，我们还可以策划一系列以水利工程为核心主题的活动，这些活动可以是教育性的、娱乐性的，甚至是互动体验式的，旨在让公众更直观地感受和理解南水北调工程的伟大意义。

为了更好地推广和普及南水北调的故事，我们可以邀请那些在工程建设中作出杰出贡献的劳动模范和先进代表，以及那些在工程中扮演重要角色的移民群众、工程设计专家和施工人员等，让他们走进学校、街道、社区等公共场所，通过举办讲座、展览和互动交流等形式，向公众讲述他们的亲身经历和工程背后的故事。通过这样的方式，可以让广大群众从不同的角度、不同的层面，全面而深入地了解南水北调工程的全貌，从而使其不仅仅是一项伟大的水利工程，更成为一项民生工程、民心工程、生态工程和精神工程的典范。

通过这些活动的举办和推广，我们能够进一步巩固和扩大南水北调故事研究和传播的群众基础，让更多的民众认识到南水北调工程对于国家和民族的重要意义，以及它在促进区域水资源合理配置、保障国家水安全、推动经济社会可持续发展方面所发挥的关键作用。这样，南水北调的故事将不仅仅是历史的记载，更是活生生的现实，激励着一代又一代人为实现中华民族的伟大复兴而努力奋斗。

总之，我们可以通过多种渠道，让南水北调故事得到更广泛传播和研究，使其成为弘扬中华优秀传统文化、革命文化、社会主义先进文化的重要媒介，为全面建设社会主义现代化国家、实现中华民族伟大复兴的中国梦，提供坚实的精神动力。

参考文献

1. 习近平：《高举中国特色社会主义伟大旗帜　为全面建设社会主义现代化国家而团结奋斗——在中国共产党第二十次代表大会上的报告》，人民出版社 2022 年版。

2. 《习近平在推进南水北调后续工程高质量发展座谈会上强调　深入分析南水北调工程面临的新形势新任务　科学推进工程规划建设提高水资源集约节约利用水平　韩正出席并讲话》，载《思想政治工作研究》2021 年第 6 期。

3. 中共中央办公厅、国务院办公厅：《大运河文化保护利用传承规划纲要》，载《中外文化交流》2019 年第 5 期。

4. 《中国南水北调工程》编纂委员会：《中国南水北调工程》，中国水利水电出版社 2019 年版。

5. 全国政协文化文史和学习委员会、河南省政协文化和文史委员会编：《南水北调中线工程亲历记》，中国文史出版社 2019 年版。

6. 张基尧：《南水北调回顾与思考》，中共党史出版社 2016 年版。

7. 吕挺琳主编：《一渠丹水写精神》，人民出版社 2017 年版。

8. 朱海风等：《南水北调工程文化初探》，人民出版社 2017 年版。

9. 全浙林编著：《大柴湖口述史》，华中科技大学出版社 2017 年版。

10. 刘道兴等：《南水北调精神初探》，人民出版社 2017 年版。

11. 左玉河：《多维度推进的中国口述历史》，载《浙江学刊》2018 年第 3 期。

后 记

对于南水北调的了解起始于我的家乡河南邓州，记事起只记得离家不远的地方叫丹江，那里的水很清澈，那里的鱼很好吃。偶尔节假日也会随着家人去丹江边坐船、吃鱼等。慢慢长大了些，也了解到家里面很多人的工作也和丹江、南水北调有关，如姥爷参加了新中国成立后建设的一个大型水利工程——丹江口水库大坝的建设工作，妈妈退休前在邓州引丹工程公司工作，姑姑也在邓州移民局工作等。

博士毕业参加工作，参与的第一个学校的调研项目——“南水北调中线工程口述史研究”也是和南水北调有关，这个时候才开始对南水北调工程有了更深的了解。记得 2017 年的夏天，随着调研团队从河南南部的南阳一路调研到了河南北部的焦作，看到了中线工程的“水龙头”——陶岔渠首枢纽工程，从这里开始，清澈的丹江水被引入中线工程的输水渠道，然后向河南、河北、北京、天津四个省市的 20 多座城市供水。看到了穿黄工程的壮观，作为世界上首个在黄河底部 40 米深处开凿的隧道，这一工程的建成展示了人类工程技术和勇气的结合，能够在自然环境中创造奇迹。看到了移民群众的生活因这一渠水发生了巨大变化，丹江口水库曾经是许多人的生活之地，而随着南水北调中线工程的通水，这座水库又成为更多人生存的根基。

回顾过往，我意识到围绕南水北调的研究与我的职业生涯紧密相连。2017 年，我从学生角色转变为大学教师，正是在那一年，我尚未明确自己的研究方向，幸运地遇到了我的良师朱老师。她不仅启发了我的学术兴趣，还在后续的研究工作中给予了我宝贵的指导。从 2017 年 7 月至 2020 年 9 月，我随着朱老师团队用了 3 年多的时间，从中线工程陶岔渠首出发，一路调研考察到安阳穿漳工程倒虹吸出水口，以南水北调中线工程河南段建设中的决策者、管理者、技术人员、施工人员和移民群众五个群体中具有典型性、代表性的人物 100 多人为口述对象，收集整理了 100 多万字的文字及图片资料，同时也形成了大量的音像资料。基于此，我先后立项了河南省教育厅人文社科一般项目“南水北调精神及弘扬研究”和河南省哲学社会科学项目兴文化工程项目“新时代河南讲好南水北调故事研究”。随后，我持续思考如何将南水北调与高校思政课相结合，正是在这一过程中，我萌生了撰写这部著作的念头。可以说，这部著作是我过去八年在教书育人和学术研究方面的一个总结。

习近平总书记在 2024 年 5 月 11 日对学校思政课建设作出重要指示：“要始终坚持马克思主义指导地位，以中国特色社会主义取得的举世瞩目成就为内容支撑，以中华优秀传统文化、革命文化和社会主义先进文化为力量根基，把道理讲深讲透讲活，守正创新推动思政课建设内涵式发展，不断提高思政课的针对性和吸引力。”① 南水北调故事就是展示中国特色社会主义取得举世瞩目成就的故事。所以，挖掘南水北调工程中的真实的工程建设故事和鲜活人物故事，在高校思政课堂上讲深讲透讲活这些故事，也体现了一名高校思政课教师的责任和担当。

乔靖文

2025 年 6 月 3 日

---

①《习近平对学校思政课建设作出重要指示强调　不断开创新时代思政教育新局面　努力培养更多让党放心爱国奉献担当民族复兴重任的时代新人》，载新华网，http://www.xinhuanet.com/politics/20240511/e1109346d3b948169ac1ddcc45b45590/c.html。